\はじめよう！/
ノンアルコール

6つのアプローチでつくる、
飲食店のためのドリンクレシピ 109

「最近、アルコール類の売上げが落ちてきた」
「お酒が飲めないお客さまをお断りしてしまった」
こんなお悩みを抱えているお店は、ノンアルコールドリンク
を導入するチャンスかもしれません。
実際、ノンアルコールを積極的に売るお店が増えていま
す。評判のノンアルコールは、おいしくて、料理を引き立て、
見た目もキレイ。たとえば、ガラスのポットにフルーツやお
茶を"花瓶のように"詰め込んだものや、ドリンクのベースを
自家製して唯一無二の味わいに仕上げるなど、どれも思わ
ずオーダーしたくなるものばかり。本書は、こうした飲食店
でとり入れやすいノンアルコール（一部、低アルコールを含む）
ドリンクのレシピとアイデアを1冊にまとめてみました。

　飲食店向けのノンアルコールドリンクの切り口として、こ
の本では6つのアプローチを提案します。
・市販品を混ぜるだけで、すぐできるドリンク
・ドリンクのベースやシロップを自家製する
・日本茶（ストレートティー）のバリエーション
・日本茶をベースにしたアレンジドリンク
・ノンアルコールカクテル
・レストラン向けのドリンク

　飲食店のドリンクは単に喉を潤すだけでなく、お客さま
に新しい味覚の体験をお届けし、テーブルを華やかに彩り、
さらにドリンク自体が会話のきっかけになります。これはす
べての酒類と同じように、ノンアルコールドリンクでも可能
です。
　さあ、ノンアルコールをはじめてみませんか。

柴田書店

Contents

はじめに……………………………… 3
目次…………………………………… 4
つくりはじめる前に………………… 6
飲食店のための6つのアプローチ…… 7

Chapter Ⅰ

Mix
すぐできるノンアルコール
市販品を混ぜるだけ…………20

柚子ジュースを使って
柚子ソーダ……………………… 22
柚子ジンジャーソーダ………… 25
柚子ゼロビール………………… 24
柚子ホットネード……………… 24
柚子ウインナコーヒー………… 25

モナン ビター・シロップを使って
モナン ビターソーダ…………… 26
モナン ピーチソーダ…………… 27
モナン コーラ…………………… 27
モナン オレンジ………………… 28
モナン カルピスソーダ………… 29

甘酒を使って
甘酒ソーダ……………………… 30
甘酒トマトジュース…………… 31
カルピス甘酒ソーダ…………… 31
甘酒ジンジャー………………… 32
ホット抹茶甘酒………………… 33
ほうじ茶甘酒ラテ……………… 33

抹茶を使って
抹茶トニック…………………… 34
抹茶グレープフルーツ………… 35
抹茶林檎ジュース……………… 35
抹茶ラテホット………………… 36
抹茶ラテアイス………………… 36

赤シソドリンクを使って
赤しそソーダ…………………… 37
赤しそミルク…………………… 38
赤しそグレープフルーツ……… 39
ソルティー赤しそレモン……… 39

カルピスを使って
カルピスビール………………… 40
カルピストマトジュース……… 40

トマトジュースを使って
トマトネクター………………… 41

Chapter Ⅱ

Homemade
自家製するノンアルコール
各種のベースと漬け込み……42

自家製ベースとシロップでつくる
3タイプのレモンソーダ
［きび砂糖シロップ］…………44
即席レモネード…………………45
［かんきつベース］
［ショウガジャム］……………46
大人の柑橘ソーダ………………47
［ジンジャーレモンベース］…48
ジンジャーレモンソーダ………49

サングリア2種
赤いサングリア
白いサングリア…………………50

酵素シロップをつくる
レモン、ブドウ（ベリーA、甲州）、
柿、モモ、リンゴ、パイナップル……52
酵素シロップの
ドリンクバリエーション………54

フルーツビネガーをつくる
ブドウ（ベリーA、甲州）、バナナ、
パイナップル、リンゴ、レモン、モモ…56

Chapter Ⅲ

Japanese Tea
日本茶の可能性
ストレートティー……………58

水出し茶を淹れる…………………60
　水出し茶のバリエーション………61
抽出温度を変えて煎茶を淹れる……62
ほうじ茶をつくる…………………64
道具について………………………67
日本茶カタログ……………………68

Chapter IV

Blend Tea & Arrangement
日本茶の可能性
ブレンドとアレンジティー……72

ブレンドティー
包種茶 ぶどうとミント……………74
紅茶と釜炒り茶 みかんと木の芽……75
ほうじ茶 春菊とローズマリー………76
釜炒り茶 大葉と酢橘……………77
玉緑茶 柚子とミント……………77
玉緑茶 洋ナシとレモングラス………77

アレンジティー
煎茶スパークリング……………78
水出しほうじ茶 ドライオレンジ、
ローズマリー……………79
抹茶レモネード……………80
煎茶モヒート……………82
玄米茶と抹茶……………83
水出し紅茶 アップルサイダー、
ぶどう、木の芽……………84
煎茶と海苔わさび……………85
番茶アイリッシュコーヒー…………86
アフタヌーンティー……………87
玉露を使ったお茶のコース…………88

Chapter VI

Restaurants
レストランのノンアル・
低アルコールドリンク………… 102

**レストランのノンアル・
低アルコールドリンクのこつ**………104
洋ナシのソーダ……………106,110
桃と柑橘、グリーンペッパー……107,110
リンゴと緑茶……………108,110
タルトタタン……………109,111
アールグレイ・スパークリング……112,114
アールグレイ・クラシック………113,114
ラプサンスーチョン……………113,115
シュラブ＆ホエイ……………116,120
ジントニック……………117,120
ミード……………118,121
田ぜりサワー……………119,121

取材協力……………122
素材別 Index……………126

Chapter V

Cocktails
バーテンダーがつくる
ノンアルコールカクテル……… 90

ノンアルコールカクテルのこつ………92
パイナップル ガスパチョ…………94,96
オンナスローボートゥチャイナ……95,97
アマゾンの実……………98,100
午後のコーヒー……………99,101

撮影…大山裕平
カバー撮影協力…La Maison du 一升 vin
デザイン…飯塚文子
編集…池本恵子（柴田書店）

つくりはじめる前に

◎材料の分量は、基本的に1杯分ですが、
まとめてつくるものは仕込みの総量を記しています。
◎一部、分量を重さや体積ではなく、
分数（1/2、1/3など）や比率（1:1、1:2など）で
表記しているものがあります。
◎分量の単位表記は以下の通りです。
大さじ1は15ml（mL）、小さじ1は5ml。
1tspは約5ml、1dashは約1ml、1drop（＝滴）は約1/5ml。
◎「ジュース」は製品になっている果汁飲料。
果実から搾った果汁は「レモン果汁」のように記しています。
◎温度の目安は、冷蔵は約5℃、常温は約15℃、湯は80℃以上、
熱湯は90℃以上です。
◎材料の一部に、日本未発売、または終売品が含まれています。
◎本書の内容は、2020年8月末現在のものです。

アイコンについて

本書掲載のドリンクは、味の傾向や使用素材、
仕上がりのイメージがつかみやすいように以下のアイコンを付けています
（日本茶のストレートティー、ブレンドティーを除く）。

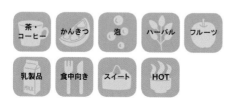

飲食店のための
ノンアルコールドリンク
６つのアプローチ

1

Mix
市販品を混ぜ合わせてつくる

いちばん手軽なドリンクは、市販の飲料を混ぜ合わせたもの。
酸味＋泡＋甘など定番の味から変わり種まで、
材料を替えてさまざまな味をつくり出すことができます。

Chapter I

すぐできるノンアルコール
市販品を混ぜるだけ
p.20 へ

ベースは「酸・香・甘」で選ぶ
味のベースになるドリンクは、酸味、香り、甘み（または、うまみ）
の個性がはっきりしたものを選ぶと味が決まりやすくなります。味
や風味はできるだけナチュラルなものがおすすめです。

飲みやすさをつくる「アクセント」
ソーダの発泡性、かんきつやショウガの香り、ハーブやスパイスな
どの軽い刺激でアクセントをつけると料理に合わせやすくなり、味
が締まって長く飲み続けられます。

2

Homemade
ドリンクのベースを自家製する

味の土台になるベースやシロップを自家製すれば、
より複雑で自分好みのドリンクがつくれます。
時間をかけて味を醸成させる「漬け込み」もおすすめです。

Chapter Ⅱ

自家製するノンアルコール
各種のベースと漬け込み
p.42 へ

味をデザインする「自家製ベース」
たとえばレモンソーダなら、フレッシュのレモンを効かせるもの、
塩レモン入り、ハチミツレモン味など、それぞれめざす味に向けて
ベースを設計します。この自家製ベースから、さらにバリエーショ
ンが広がります。

注目のフルーツビネガー
フルーツと砂糖、酢を合わせて漬け込むフルーツビネガーは、果実
由来の自然な香りと甘み、ビネガーのさわやかな酸、鮮やかな発
色が特徴です。アレンジもしやすく、今後ますます注目されそうな
カテゴリーです。

3

Japanese Tea
日本茶をブラッシュアップする

お茶も淹れ方次第で、売れる「商品」になります。
ワイングラスに映える水出し茶、薫り高いほうじ茶のつくり方、
さらに定番の煎茶から希少品まで各地のお茶を紹介します。

Chapter Ⅲ

日本茶の可能性
ストレートティー
p.58 へ

多彩な色・香・味の水出し茶

簡単につくれる水出し茶（冷温抽出茶）はお茶の種類によってさまざまな色、香り、味わいがそろいます。緑茶系は前菜や刺し身などに、香ばしいほうじ茶は肉料理やデザートというように、料理やシーンに合わせて提案できます。

炒りたて「ほうじ茶」をつくる

香ばしさが人気のほうじ茶は、煎茶や番茶を直火で焙（ほう）じて自家製できます。できたてのほうじ茶は香りもまた格別。浅炒りから深炒りまで、好みの加減に仕上げます。

4

Blend Tea & Arrangement
日本茶のアレンジを拡げる

お茶にフルーツやハーブを加えたブレンドティーと、
自由な発想で組み立てるアレンジティー。
どちらも軽やかで飲みやすく、テーブルに彩りを添えます。

Chapterr Ⅳ

日本茶の可能性
ブレンドとアレンジティー
p.72 へ

茶＋フルーツ＋ハーブの方程式

日本茶にフルーツやハーブを合わせたブレンドティーは、ハーブと
フルーツの香りが近い、または補完するもの同士を組み合わせ、そ
の味を引き立てる煎茶や紅茶系をベースにすると味がまとまります。

自由な発想でつくるアレンジティー

カクテルのように自由につくり上げるアレンジティー。日本茶は合わ
せる素材を選ばないため、さまざまな味や香り、さらにソーダやトッ
ピングなどを加えて新たな味を創造できます。

5

Cocktails
ノンアルコールカクテル

この数年で需要が急増しているノンアルコールカクテル。
カクテルとしての要点を押さえながら、
複雑に要素を組み合わせて、特別な1杯をデザインします。

Chapterr V

バーテンダーがつくる
ノンアルコールカクテル
p.90 へ

カクテルらしさをつくる「質感」

ノンアルコールカクテルとミックスジュースの差は「質感」にあります。
果汁を搾る、漉す、雑味をとる、味を凝縮させるなどの工程をてい
ねいに行なうことで、カクテルらしいクリアで凝縮感のある味わい
が生まれます。

ペアリングのヒント

料理とカクテルを合わせる「カクテルペアリング」が人気です。カク
テルの有利な点は、料理に合わせてつくり込んでいけること。素材
から発想する、共通する香りを探す、産地の近いもの同士を合わせ
るなど、さまざまなアプローチが可能です。

6

Restaurants
レストラン向けのドリンク

オリジナルのノンアルコールを置くレストランが増えています。
素材の味や香りを調理の技法で引き出し、重ねることで、
レストランらしい洗練された口あたりに仕上げます。

Chapterr VI

レストランの
ノンアル・低アルコールドリンク
p.102 へ

調理の技法でつくる味と香り
加熱して抽出する、煎じる、漬け込む、急冷して香りを封じ込める
など、さまざまな調理の技法がヒントになります。お茶や果汁にも
ひと手間を加えて、薫り高い1杯をつくります。

料理とピンポイントで合わせる
コースを通じたドリンクペアリングは、レストランならではの特別な
体験です。スペシャリテの素材をドリンクで再構成する、調理法と
関連づけるなど、さまざまな切り口でストーリーを組み立て、ドリ
ンクに仕立てます。

IIIIIIIIIIIIIIIIIIIIIIIIIIIIIIIIIIIII

Mix

すぐできるノンアルコール
市販品を混ぜるだけ

岩倉久恵
La Maison du 一升 vin

柚子ジュースを使って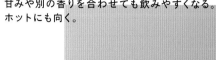

ベースの柚子ジュースは、
島根県美都地区でつくられている「柚香（ゆうか）」を使用。
天然ユズ果汁とハチミツを主原料にした濃縮果汁で、
ユズ本来のさわやかな香りと自然な甘みが特徴。
ユズの酸味を生かして炭酸系と合わせるほか、
甘みや別の香りを合わせても飲みやすくなる。
ホットにも向く。

柚子ソーダ

ユズの香りが際立つ
すっきりとした飲み心地

かんきつ　泡　食中向き

《材料》
柚子ジュース…45ml
ソーダ…90ml
氷

《つくり方》
タンブラーに氷を入れ、ジュースと
ソーダを注いで軽く混ぜる。

柚子ジンジャーソーダ

ユズとショウガは相性抜群。
心地よい辛みがアクセント

かんきつ　ハーバル　泡　食中向き

《材料》
柚子ジュース…45ml
ソーダ…90ml
ショウガのすりおろし…3g
ショウガの薄切り（飾り用）
氷

《つくり方》
タンブラーに氷、ショウガのすりおろ
し、ジュースを入れて軽く混ぜ、ソー
ダを注いで薄切りショウガを飾る。

柚子ゼロビール

ビールテイストの喉ごしに
ユズの香りをプラス

《材料》
柚子ジュース…20ml
ノンアルコールビール…200ml
ユズ皮のすりおろし

《つくり方》
グラスにジュースとノンアルコール
ビールを注ぎ、ユズ皮のすりおろし
を振る。

柚子ホットネード

ユズとショウガで体を温める。
やわらかな、ほっとする味

《材料》
柚子ジュース…40ml
熱湯…80ml
ショウガのすりおろし…4g
ユズの輪切り（飾り用）

《つくり方》
耐熱グラスにショウガのすりおろし、
ジュース、湯を注いで軽く混ぜる。
ユズの輪切りを飾る。

柚子ウィンナコーヒー

コーヒー&かんきつの新定番。
クセになる飲み口

かんきつ　茶・コーヒー　乳製品

《材料》
柚子ジュース…10ml
アイスコーヒー※…200ml
ガムシロップ（p.46）…適量
柚子入りホイップクリーム※※…10g
ユズ皮の細切り（飾り用）
氷
※「ノージーコーヒー」のアイス用シングル
オリジンをドリップで淹れ、冷ましたもの。
※※柚子ジュース1：生クリーム2を合わ
せ、軽く泡立てたもの。

《つくり方》
グラスに氷を入れ、ジュースとコー
ヒーを注ぎ、好みの量のガムシロッ
プを合わせて軽く混ぜる（別添えで
も）。クリームとユズ皮をのせる。

モナン ビター・シロップを使って

「モナン ビター・シロップ」はカンパリを思わせる、
ハーブや薬草由来の複雑な苦みとほのかな甘みが特徴。
クリアなルビー色で発色も美しい。
ここでは、モナン ビター・シロップ1本（700ml）に、
レモン3個を縦4つ切りにして搾り入れ、
そのまま3日間漬け込んだものを「ベース」として使用。

モナン ビターソーダ

複雑な香りとほのかな苦み。
まるでカンパリ！の飲み心地

かんきつ	ハーバル	泡	食中向き

《材料》
モナン ビターベース…60ml
ソーダ…60ml
カットレモン
氷

《つくり方》
タンブラーに氷とモナンビター、カッ
トレモンを搾り入れ、ソーダを注ぐ。

モナン ピーチソーダ

桃の甘みと炭酸をプラス。
口あたり軽く、ゴクゴク飲める

《材料》
モナン ビターベース…20ml
ピーチネクター…40ml
ソーダ…40ml
氷

《つくり方》
グラスに氷、モナンビター、ネクター
を入れて軽く混ぜ、ソーダを注ぐ。

モナン コーラ

コーラとモナンビター、
2つの個性がバランスする

《材料》
モナン ビターベース…30ml
コーラ…60ml
レモンの薄切り（飾り用）
氷

《つくり方》
グラスに氷、モナンビターを入れ、
コーラを注ぐ。薄切りレモンを飾る。

モナン オレンジ
華やかなグラデーションと
オレンジの味に奥行きが出る

《材料》
モナン ビターベース
　　…60ml
オレンジジュース（果汁100％）
　　…60ml
氷

《つくり方》
グラスに氷、モナンビターを入れ、
ジュースを静かに注いで2層にする。

モナン カルピスソーダ

桜のような淡いピンク色。
甘すぎないので飲みやすい

スイート　泡　乳製品

《材料》
モナン ビターベース…10ml
カルピス（レギュラータイプ）…20ml
ソーダ…80ml
氷

《つくり方》
グラスに氷、モナンビター、カルピ
スを入れて軽く混ぜ、ソーダを注ぐ。

甘酒を使って

麹からつくる甘酒は健康や美容面からも注目の素材。
ここでは、ワイン醸造家の新井順子氏が監修した
甘酒「順子（じゅんこ）」を使用。無農薬米を使い、
糖類無添加で仕上げたほどよい甘さと、ナチュラルな米のうまみが特徴。
そのままでも充分においしいが、酸味や甘みを加えると飲みやすく、
料理に合わせやすくなる。米の粒が気になる場合は、
ミキサーにかけるか目の粗いザルで漉す。

甘酒ソーダ

甘酒を飲みやすく工夫した
これからの新定番

かんきつ / 泡 / スイート / 食中向き

《材料》
甘酒…50ml
ショウガのすりおろし…3g
レモン果汁…5ml
ソーダ…60ml
ハチミツ…適量
氷

《つくり方》
グラスに氷、甘酒、ショウガのすり
おろし、レモン果汁を入れる。好
みの量のハチミツを加えて軽く混ぜ、
ソーダを注ぐ。

甘酒トマトジュース

まるで完熟トマトのスープ。
味わい深い、奇跡の1杯

《材料》
甘酒…100ml
トマトジュース（果汁100％）※
　…100ml
※さらっとしたタイプがおすすめ。スイス
村のトマトジュース（p.41）使用。

《つくり方》
グラスに甘酒を入れ、ジュースを静
かに注いで2層にする。

カルピス甘酒ソーダ

発酵×発酵の組み合わせ。
懐かしいミルキーな味

《材料》
甘酒…80ml
カルピス（レギュラータイプ）…20ml
ソーダ…120ml
ミントの葉（飾り用）
氷

《つくり方》
グラスに氷、甘酒、カルピスを入れ
て軽く混ぜ、ソーダを注ぐ。ミント
の葉を飾る。

甘酒ジンジャー
甘酒×ショウガ×レモンの進化系。
炭酸で割ってもおいしい

かんきつ　ハーバル　スイート　食中向き

《材料》
甘酒…60ml
きび砂糖シロップ（p.44）
　…10ml
ジンジャーレモンベース（p.48）
　…10ml
ローズマリーの枝
氷

《つくり方》
グラスに氷、シロップ、ジンジャー
レモンベースを入れ、甘酒を加えて
軽く混ぜる。ローズマリーを挿す。

ホット抹茶甘酒

これぞ甘酒マジック！
深いコクとうまみ、味の一体感

茶・コーヒー　HOT　スイート

《材料》
甘酒…100ml
抹茶…1g

《つくり方》
茶碗（または耐熱容器）に抹茶を入れ、
約70℃に温めた甘酒を注いで茶せ
んで点てる。

ほうじ茶甘酒ラテ

甘酒はほうじ茶とも好相性。
ミルクを合わせて

茶・コーヒー　HOT　スイート　乳製品

《材料》
甘酒…100ml
ほうじ茶※…30〜40ml
フォームミルク…適量
※ほうじ茶葉50gと水500mlを煮出して
ぎゅっと茶葉を絞り、濃いめに仕上げたもの。

《つくり方》
耐熱容器に約70℃に温めた甘酒、
ほうじ茶を合わせ、好みの量のフォー
ムミルクを注ぐ。

抹茶を使って

抹茶は意外にも果汁やコーヒーとの相性がよく、
組み合わせ次第で辛口から甘口までさまざまなドリンクに展開できる。
前半の3品は岩倉さんが開発したヒット商品
「抹茶コリンズ（抹茶とグレープフルーツ、焼酎のカクテル）」のバリエーション。
抹茶は品質の差が大きいため中クラス以上の価格帯から選び、
オーダーごとに茶せんで点（た）てると香りよく仕上がる。

抹茶トニック

ドライなキレと緑茶の香り。
抹茶をストレートに味わう

かんきつ	茶・コーヒー	泡	食中向き

《材料》
抹茶…1g
トニックウォーター…200ml
ライムの薄切り（飾り用）
氷

《つくり方》
茶せんが入る小さなボウルに、抹茶
と少量のトニックウォーターを入れ
て茶せんで点てる。氷を入れたグラ
スに移し、残りのトニックを注いで
軽く混ぜ、薄切りライムを飾る。

抹茶グレープフルーツ

香りと酸のバランスが絶品!
さっぱりして、ゴクゴク飲める

《材料》
抹茶…1g
グレープフルーツジュース
　（果汁100%）…150ml
氷

《つくり方》
茶せんが入る小さなボウルに、抹
茶と少量のジュースを入れて茶せん
で点てる。氷を入れたグラスに移し、
残りのジュースを注いで軽く混ぜる。

抹茶林檎ジュース

採れたての青菜のような香り。
軽やかな飲み口

《材料》
抹茶…1g
リンゴジュース（果汁100%）※
　…150ml
氷
※スイス村ワイナリー製の「紅玉りんご
ジュース」（果汁100%ストレート）を使用。

《つくり方》
茶せんが入る小さなボウルに、抹
茶と少量のジュースを入れて茶せん
で点てる。氷を入れたグラスに移し、
残りのジュースを注いで軽く混ぜる。

抹茶ラテホット

抹茶とエスプレッソ。
2つの味が見事に重なる

《材料》
抹茶…1g
エスプレッソ…1shot（約30ml）
スチームミルク…180〜200ml
角砂糖（ペルーシュ）…2個

《つくり方》
カフェオレボウル（または耐熱容器）
に抹茶と角砂糖を入れ、エスプレッ
ソを注いで茶せんで点てる。スチー
ムミルクを注ぎ、好みの模様を描く。

抹茶ラテアイス

左のアイスバージョン。
抹茶が香る、夏におすすめ

《材料》
抹茶…1g
エスプレッソ…1shot（約30ml）
牛乳…100ml
ガムシロップ（p.46）…20ml
ホイップクリーム
抹茶（飾り用）
氷

《つくり方》
茶せんが入る小さなボウルに、抹茶
とガムシロップを入れ、エスプレッ
ソを注いで茶せんで点てる。牛乳を
加え、氷を入れたグラスに移す。ク
リームを絞り、上から抹茶を振る。

赤シソドリンクを使って

SAKURA グループが販売する「赤シソドリンク」は、
和歌山県産の無農薬栽培の赤シソが主原料。
特有の甘酸っぱい香りと、尖ったところのないおだやかな酸味が特徴。
深く鮮やかな発色で、グラスによく映える。
無糖タイプで使いやすい。

赤しそソーダ
どこか懐かしい香りの
甘酸っぱいソーダ

ハーバル　泡　スイート　乳製品

《材料》
赤シソドリンク…20ml
ソーダ…100ml
ガムシロップ（p.46）…10ml
氷

《つくり方》
グラスに氷、赤シソドリンク、ガム
シロップを入れて軽く混ぜ、ソーダ
を注ぐ。

赤しそミルク

マーブル模様が美しい。
さわやかさに丸みが加わる

ハーバル スイート 乳製品

《材料》
赤シソドリンク…20ml
牛乳…100ml
ガムシロップ（p.46）…10ml

《つくり方》
グラスに赤シソドリンクとガムシロップを入れて軽く混ぜ、牛乳を静かに注ぐ。

赤しそグレープフルーツジュース

赤シソとグレープフルーツ。
さわやかな組み合わせ

《材料》
赤シソドリンク…20ml
グレープフルーツジュース
　（果汁100%）…100ml
ガムシロップ（p.46）…10ml
青シソ（飾り用）
氷

《つくり方》
グラスに氷、赤シソドリンク、ガム
シロップを入れて軽く混ぜ、ジュー
スを注ぐ。青シソを飾る。

ソルティー赤しそレモン

艶やかな深紅の色を
リムドで引き立てる

《材料》
赤シソドリンク…20ml
水…100ml
ガムシロップ（p.46）…10ml
レモンの薄切り（飾り用）
氷

《つくり方》
グラスの縁を水で濡らし、塩（分量外）
をまぶしてリムドする。グラスに氷、
赤シソドリンク、ガムシロップ、水を
入れて軽く混ぜ、薄切りレモンを浮
かべる。

カルピスを使って

「カルピス」はレギュラータイプを使用。
乳酸由来のまろやかさと甘酸っぱさ、
さっぱりとした甘みでさまざまなアレンジが楽しめる。
4～5倍希釈をめやすに。

カルピスビール

ピスコを思わせる
まろやかで軽い口あたり

《材料》
カルピス（レギュラータイプ）
　…40ml
ノンアルコールビール…200ml

《つくり方》
グラスにカルピスとノンアルコール
ビールを注いで軽く混ぜる。

カルピストマトジュース

軽やかで飲みやすい。
あと口もさっぱり

《材料》
カルピス…20ml
トマトジュース（果汁100％）※
　…100ml
レモングラス（飾り用）
氷
※さらっとしたタイプがおすすめ。スイス
村のトマトジュース（右ページ）使用。

《つくり方》
グラスに氷、カルピスを入れて、
ジュースを注いで軽く混ぜる。レモ
ングラスを飾る。

トマトジュースを使って

信州安曇野にあるスイス村ワイナリーが製造販売する
「とまとジュース　果汁100％ストレート」を使用。
食塩、水ともに無添加で、完熟トマトの香りとうまみが楽しめる。
果汁がさらっとして扱いやすく、割り物に使いやすい。

トマトネクター

桃の甘みと香りで
トマトのうまみが凝縮

フルーツ　食中向き

《材料》
トマトジュース…50ml
ピーチネクター…100ml
氷

《つくり方》
グラスに氷、ジュースを入れ、ネク
ターを注いで軽く混ぜる。

Chapter II

Homemade

自家製するノンアルコール
各種のベースと漬け込み

岩倉久恵
La Maison du 一升 vin

自家製ベースとシロップでつくる
3タイプのレモンソーダ

1年を通して需要がある、さっぱりとした口あたりのかんきつ系ドリンク。
自家製のベースやシロップでつくれば味の調整がしやすく、バリエーションも広がる。
シンプルなものから複雑な味わいまで3タイプのレモンソーダと、
そこで使う自家製ベースとシロップ、さらにその展開例を紹介する。

| [きび砂糖シロップ] | → | 弾けるようなフレッシュ感 |

[きび砂糖シロップ]

＋

フレッシュレモン

→

弾けるようなフレッシュ感
即席レモネード（右ページ）

[かんきつベース]

尖りのない酸味をつくる
塩レモン入り

→

きりっと引き締まった深い味わい
大人の柑橘ソーダ（p.47）

[ジンジャーレモンベース]

飲みやすくアレンジしやすい
ハチミツレモン味

→

軽やかな口あたりで飲みやすい
ジンジャーレモンソーダ（p.49）

[きび砂糖シロップ]
きび砂糖に同量の水を加えて火に
かけ、煮溶かしたもの。

《即席レモネード（右ページ）の展開例》
◎**レモンモヒート**…即席レモネードにミン
ト3〜4枚をちぎって加える。

◎**大葉モヒート**…即席レモネードに青シソ
3〜5枚をちぎって加える。

◎**大葉梅干しモヒート**…即席レモネードに
ちぎった青シソ3〜5枚と梅干し1個を加
え、マドラーでつぶす。

柴田書店出版案内

食知力 ShiBaTa

書籍ムック 2020.6

〒113-8477
東京都文京区湯島3-26-9
イヤサカビル
●問合せ 柴田書店営業部
TEL: 03-5816-8282
http://www.shibatashoten.co.jp
◆本広告の価格は税別の定価表示です

日本初! プロの料理人による完全菜食主義のレシピ集

Vegan Recipes ヴィーガン・レシピ

米澤文雄（The Burn）著　B5変判　160頁　●定価：本体2,800円＋税

世界中でベジタリアン市場が拡大する昨今。
動物性食品をいっさい食べないヴィーガン
（完全菜食主義）をテーマに、華やかで、心
もお腹も満たされる"レストランクオリティ"
のヴィーガン料理を、春夏秋冬90品掲載。
お役立ち自家製調味料＆スパイスも。

Fava beans hummus,
EX virgin olive oil,
grilled fava beans

リピート必至のおいしさ! 忙しいカレー好きに捧げる一冊

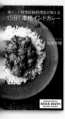

南インド料理店総料理長が教える
だいたい15分! 本格インドカレー

稲田俊輔（エリックサウス）著

B5判　104頁　●定価：本体1,600円＋税　▶電子版も配信中

〔遅〕く帰った夜でもおいしいカレーが食べた
〔い〕。そんな人にぴったりのレシピを、大
〔人〕気の南インド料理店「エリックサウス」
〔の〕稲田俊輔総料理長が考案。缶詰やカッ
〔ト済〕みの素材を使って「時短＆簡単」と「本
〔格〕的な味わい」を両立させたレシピが満載。
〔レ〕トルトカレーやサラダチキンなどを使っ
〔た〕裏技も収録!

居酒屋から日本料理店まで使える、揚げものアイデア集

日本料理
揚げもの新味150
広がる発想 新しい技法

柴田書店編
B5変型判 188頁
●定価:**本体2,700円＋税**

楮山／楮山明仁　久丹／中島功太郎
旬菜 おぐら家／堀内 誠
西麻布 大竹／大竹達也
根津たけもと／竹本勝慶
まめたん／秦 直樹　ゆき椿／市川鉄
蓮／三科 惇 分とく山／阿南優貴

庶民的なコロッケやメンチも、旬
の素材を使えば洗練された一品
に。揚げものは重たくてもたれる
——そんなイメージを一新する
新感覚の揚げもの150品を、9名
の若手料理人が紹介。「揚げもの」
のほかにも「揚げる」技法を取り
入れた和えものや煮もの、ご飯
ものなども多数収録。

つくりたての味を短時間で待たせずに

酒肴の展開
美味しい献立の増やし方

野﨑洋光、阿南優貴（分とく山）共著
A5判 256頁　●定価:**本体3,000円＋税**

最近では提供直前に仕上げる、つくりたての味が酒肴に求められる
ようになってきた。本書ではベースとなるタレや地やだしを232品の酒
肴に展開。たとえば豆乳豆腐地の寄せものは、季節の野菜ピューレや
魚介類などを加えたアレンジが13品。また表面に香味野菜や香辛料
などを貼りつけて軽く乾かした魚の風干し7品は、提供時はさっと揚げ
るだけ。珍味類や既製の加工品を利用した手軽な酒肴も便利。短時
間で、しかもおいしい、毎日使える酒肴集の決定版。

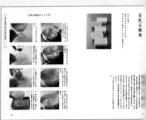

◆MOOK居酒屋は1年お休みし、来年刊行予定です。発売が決まりましたらHPでお知らせします

フランス料理のクラシック＝王道を知るために

フランス料理 王道探求
Ma cuisine française classique

手島純也（オテル・ド・ヨシノ）著
B5変型判　204頁
●**定価：本体3,800円＋税**

「攻める古典料理人」として知られる著者初の料理書。何世代にもわたって磨かれ、愛され、世界中に広がったクラシック・フランス料理が目指してきた味とは何か。現代にふさわしい継承のかたち、更新の方法とは──。フランスの古典料理・伝統料理をテーマとして〈現代に生きる〉45品を紹介。味を複層的にからませるクラシックならではの料理構造、技術の意味とポイントを解説する。昨今の"個人の独創性"をテーマとした料理とは異なる視座で、フランス料理の未来に迫る一冊。

おまかせコースのつくり方
18店・22通りのコースで学ぶ ガストロミーの表現法

柴田書店編　B5変型判　232頁　●**定価：本体3,000円＋税**

昨今、若手シェフが手がける高級レストランは「おまかせコース」が主流。仏、伊、スペイン料理など18店のおまかせコースを、シェフの解説とともに紹介する。コースのテーマのつくり方、前菜からデザートまでのリズムのつけ方、料理のバリエーションなど、魅力的なコースを提供するためのポイントが満載。
※本書は『月刊専門料理』の内容に追加撮影・取材を加え、新たに編集したものです

牛肉のポテンシャルを最大限に引き出す、和知メソッド！

マルディグラ 和知 徹の牛肉料理
プロのための火入れメソッドと料理バリエーション

和知 徹（マルディグラ）著　B5変型判　192頁　●**定価：本体2,900円＋税**

肉料理に定評のある和知シェフが、体当たりで身に付けた知識と手法を余すところなく公開。基本の火入れ（焼く、煮る、揚げる）を詳細に解説し、プロセス写真で余すところなく伝える。ボルシチ、スコッチエッグ、タンシチューなど、バリエーション料理も満載。

ご注文方法

① お近くの書店へご注文ください
② 柴田書店カスタマーセンターへご注文ください
　　TEL 03-5817-8370　FAX 03-5816-8281（営業時間 平日9:30～17:30）
③ インターネットより柴田書店へご注文ください
　　小社ホームページ　http://www.shibatashoten.co.jp

即席レモネード

コクのあるシロップで仕上げる
みずみずしいレモネード

かんきつ　泡

《材料》
レモン…1/2〜1個
きび砂糖シロップ（左ページ）…20ml
ソーダ…120ml
氷

《つくり方》
グラスに氷、シロップ、縦4つ切りにし
たレモンを搾り入れ、ソーダを注ぐ。

きび砂糖シロップをよく
混ぜたところ。きび砂糖
特有のベージュ色になる。

［かんきつベース］

塩漬けレモンの搾り汁…200ml
レモンジュース（果汁100%）…100ml
ガムシロップ（下記）…200ml

国産レモンを皮ごと輪切りにし、重量の20%
相当の粟国塩（自然塩）を加えて1週間ほど
おいてなじませる。この塩漬けレモンの搾り
汁に、レモンジュース（果汁100%。無茶々園）
とガムシロップを合わせる。

《かんきつベースの展開例》

◎**牛乳ラッシー**…かんきつベース40mlと
牛乳100mlを混ぜ合わせる。

◎**スポーツドリンク**…かんきつベース60ml、
水120ml、きび砂糖シロップ10mlを合わ
せるとスポーツドリンクの味わいに。

［ショウガジャム］

ショウガをすりおろし、重量の半分のきび砂
糖を加えて一晩おく。水分が出てきたら、そ
のまま水を加えずに煮る。

［ガムシロップ］

グラニュー糖1kgに水800gを加えて火にか
け、煮溶かしたもの。

大人の柑橘ソーダ
凝縮したレモンに
ショウガのアクセント

| かんきつ | ハーバル | 泡 |

《材料》
かんきつベース（左ページ）…20〜30ml
ショウガジャム（左ページ）…小さじ1/3
ソーダ…100ml
氷

《つくり方》
グラスに氷、かんきつベース、ショウガジャ
ムを入れ、ソーダを注いで軽く混ぜる。

［ジンジャーレモンベース］

レモン果汁…400ml
ショウガのすりおろし…30g
ハチミツ…100g

材料を混ぜて、冷蔵庫で保存する。加熱しないので素材のフレッシュ感が残る。

《ジンジャーレモンベースの展開例》

◎アップルジンジャーホットレモン
ジンジャーレモンベース…30ml
リンゴ（皮付きをすりおろす）…15g
熱湯…90ml
きび砂糖シロップ…15ml
材料をすべて合わせる。

◎シャーリーテンプル（ジンジャーグレナデン）
ジンジャーレモンベース…40ml
ソーダ…100ml
きび砂糖シロップ…10ml
グレナデンシロップ…20ml
材料をすべて合わせる。

◎ジンジャーレモンホットコーラ
ジンジャーレモンベース…20ml
コーラ…150ml
シナモンスティック…1本
材料をすべて鍋に入れ、温める。

◎甘酒ジンジャー（p.32）

ハチミツレモンにショウガで風味付け

ジンジャーレモンソーダ

爽快感がクセになる
澄みきった喉ごし

《材料》
ジンジャーレモンベース（左ページ）…25ml
きび砂糖シロップ（p.44）…10ml
ソーダ…90〜120ml
カットライム

《つくり方》
グラスに氷、ジンジャーレモンベース、シロップを入れて軽く混ぜる。カットライムを搾り入れ、ソーダを注ぐ。

49

サングリア2種

フルーツとジュース、スパイスを漬け込んでつくる、薫り高いサングリア。
ワインを使わないので渋みなどの雑味がなく、軽やかで飲みやすい。

赤いサングリア

スパイスの香りとフルーツ由来の自然な甘みが
渾然一体となった、やさしい飲み心地

 フルーツ ハーバル 食中向き

《材料》つくりやすい分量
レモン…1〜3個（皮はむかず、縦4つ切りにして果汁を搾る。
　　または、レモン1個と果汁100%のレモンジュース30mlを加える）
リンゴ…1個（種と芯の部分を除き、皮つきのまま2mm厚さにスライス）
オレンジ…1個（皮はむかず、縦4つ切りにして果汁を搾る）
黒粒コショウ…1つかみ
シナモンスティック…2本（手で割る）
ハチミツ…80ml
オレンジジュース（果汁100%）…300ml
リンゴジュース（果汁100%）…300ml
ブドウジュース（果汁100%）…500ml

《つくり方》
清潔な広口ビンに材料を上から順に入れ、軽く混ぜてひと晩以上ねかせてから漉す。
1週間以内に使いきる。提供時は、氷と薄切りオレンジなどと一緒に。

白いサングリア

さわやかな口あたりと、重層的な香りで
飽きずに飲み続けられる

《材料》つくりやすい分量
モモ…1個（皮と種を除いて、ざく切り）
レモン…1～3個（皮はむかず、縦4つ切りにして果汁を搾る。
　または、レモン1個と果汁100％のレモンジュース30㎖を加える）
パイナップル…1/2個（皮をむいてひと口大にカット）
ショウガ…150g（皮をむかずに薄切り）
ハチミツ…100㎖
スターアニス…3個
白粒コショウ…1つかみ
リンゴジュース（果汁100％）…400㎖
パイナップルジュース（果汁100％）…500㎖

《つくり方》
清潔な広口ビンに材料を上から順に入れ、軽く混ぜてひと晩以上ねかせてから漉す。
1週間以内に使いきる。提供時は、桃やミントの葉などを合わせて彩りよく。

酵素シロップをつくる

カットしたフルーツに砂糖を加え、1日1回、素手でかき混ぜるだけ。
これだけで香りとうまみの凝縮したシロップができ上がる。
水やソーダ、ジュースなどで割って楽しむほか、甘みや香り付けにも便利。
混ぜるときに手指をよく洗浄するなど衛生管理を徹底する。

《仕込み》
基本の割合　フルーツ1：砂糖1.1

フルーツと砂糖（きび砂糖、上白糖、黒糖など好みで）を合わせて非加熱のシロップをつくる。
熱湯消毒した広口ビンに、砂糖、フルーツ、砂糖…と交互に重ね入れ、1日1回、よく洗った
素手でかき混ぜる。約1週間（冬期は2〜3週間）で漉し、冷蔵庫で保存する。ビネガーを加え
るタイプよりも保存がきかないので、できるだけ早く使いきる。

（左端から）
◎レモン…レモン700g、黒糖650g、ハチミツ120g
　／皮ごと輪切りにして漬け込む。
◎ブドウ（マスカットベリーA）…皮ごと漬け込む。
◎柿…皮をむいてひと口大にカットして漬け込む。
◎ブドウ（甲州）…皮ごと漬け込む。
◎モモ…皮をむいてひと口大にカットして漬け込む。
◎リンゴ…種と芯の部分を除き、皮ごと薄切りにして漬け込む。
◎パイナップル…皮をむいてひと口大にカットして漬け込む。

《提供》
ロック、ソーダ割り、ジュース割りをはじめ、フレッシュフルーツやハーブとの相性もよい。
さらに味に深みを出すなら、スパイスを加えたり、シロップ同士を混ぜてもおいしい。

酵素シロップのドリンクバリエーション

レモン

ブドウ（マスカットベリーA）

柿

ブドウ（甲州）

モモ

リンゴ

《おすすめの飲み方》

◎**レモン**…シロップ20mlにソーダ80mlを加え、薄切りレモン、ミントの葉、カルダモン(粉)を振る。

◎**ブドウ(ベリーA)**…シロップ20mlにソーダ60mlを加え、あればブルーベリーとラズベリーを浮かべる。

◎**柿**…シロップ20mlに熱湯60mlを加え、シナモンスティックを添える。

◎**ブドウ(甲州)**…シロップ20mlにソーダ80mlを加え、ブドウの実を入れる。

◎**モモ**…シロップ20mlにソーダ100mlを加え、ミントの葉をたっぷり入れる。

◎**リンゴ**…シロップ20mlにソーダ100mlを加え、カットレモンを搾る。

◎**パイナップル**…シロップ20mlにオレンジジュース(果汁100%)100mlを加え、クローブ(粒)を浮かべる。

パイナップル

フルーツビネガーをつくる

カットしたフルーツに砂糖と酢を加え、1日1回、容器をよく振って砂糖を溶かす。
酢の殺菌効果で傷みにくく、変化も緩やかで比較的つくりやすい。
砂糖や酢の種類を変えたり、割り方の工夫などで、さらに味の広がりが楽しめる。

《仕込み》

基本の割合　フルーツ1：氷砂糖1：酢1

フルーツのタイプや熟し加減に応じて酢（ビネガー）を選び、
砂糖の種類や量を調節する。
熱湯消毒した広口ビンに、フルーツ、氷砂糖、酢の順に重ね入れ、
1日1回よくビンを振って混ぜ、氷砂糖が溶けたらでき上がり。
漉して、1週間を目処に使いきる。

（左端から）
◎ブドウ（マスカットベリーA）…穀物酢／皮ごと漬け込む。
◎バナナ…バナナ1：黒糖1：黒酢2
　　／皮をむいてカットし、バナナを軽くレンジで温めてから漬け込む。
◎パイナップル…穀物酢／皮をむいてひと口大にカットして漬け込む。
◎リンゴ…リンゴ酢／種と芯の部分を除き、皮ごとスライスして漬け込む。
◎レモン…レモン1：氷砂糖0.8＋ハチミツ0.2：穀物酢0.8＋リンゴ酢0.2
　　／皮ごと輪切りにして漬け込む。
◎モモ…穀物酢／皮ごとひと口大にカットして漬け込む。
◎ブドウ（甲州）…穀物酢／皮ごと漬け込む。

《提供》
ロック、ソーダ割り、ジュースや牛乳割りなどで幅広く楽しめる。

《おすすめの飲み方》
◎ **ブドウ（ベリーA）**…ロックで。
◎ **バナナ**…バナナビネガー30mlに牛乳100mlを合わせ、シナモン（粉）を振る。
◎ **パイナップル**…同量のソーダで割り、氷を浮かべる。タラゴンを飾る。
◎ **リンゴ**…同量のソーダで割り、氷を浮かべる。
◎ **レモン**…同量のソーダで割り、氷を浮かべる。
◎ **モモ**…同量のソーダで割り、氷を浮かべる。
◎ **ブドウ（甲州）**…ロックで。

フルーツビネガーは美しい発色が楽しめる。

レモンビネガーのソーダ割りはさわやかな飲み口。

Japanese Tea

日本茶の可能性　ストレートティー

櫻井真也

櫻井焙茶研究所

水出し茶を淹れる

冷蔵庫に入れておくだけの手軽な水出し茶は、
料理との相性もよく、活用したいメニューのひとつ。
水出し専用茶もあるが、ここでは一般的な煎茶などを使う。

水出し煎茶

水出し茶とは、冷温抽出（約
5℃）したお茶のこと。茶葉
15gと水1リットルを合わせ
て冷蔵庫に入れ、6〜8時間
かけてじっくりと抽出した後、
漉してでき上がり。さっぱりと
した飲み口だが、うまみや甘
みも出やすい。冷蔵保存によ
り色の変化が少なく、鮮やか
な水色（すいしょく）が長時間
保たれる。クリアな色味を引
き立てる、ワイングラスやタ
ンブラーなどを使いたい。写
真は、味と色が濃く出る深蒸
煎茶（p.68 ②）の水出し。

小ぶりなカラフェなどに入れても、煎
茶の黄味がかったグリーンがよく映
える。こちらは普通蒸煎茶（p.68 ①）
を水出ししたもの。

水出し茶のバリエーション

水出し茶は煎茶以外を使ってもおいしくできる。写真左から、玉緑茶
（p.69 ⑦）、阿波番茶（p.70 ⑫）、紅茶（p.71 ⑯）、ほうじ茶（p.70 ⑩）の
水出し。つくり方はすべて同じで、基本は茶葉15gに水1リットルを合
わせて冷蔵庫で6〜8時間おき、漉して完成。玉緑茶は前菜から刺身な
どに、阿波番茶は火を入れた魚料理、紅茶は肉料理全般、ほうじ茶は
デザートなどと合わせやすい。

抽出温度を変えて
煎茶を淹れる

一般的な普通蒸煎茶は、
抽出温度の違いでがらりと味わいが変わる。
前ページの冷温抽出（水出し茶）に加えて、
低温（約60℃）と高温（90℃以上）の
2つの抽出方法を紹介する。

冷温抽出

高温抽出

低温抽出

低温抽出
60℃前後のぬるめの湯で淹れる。

沸いている湯を、湯冷ましなどに数回移し替えて 60℃前後まで湯温を下げる。これを茶葉を入れた急須に注いで約1分間蒸らしてから、茶碗に注ぎ分ける。この温度では渋みが出にくいため、緑茶のうまみを強く感じ、ゆったりとした気分に寄り添う。少量でも満足度が高いので小さめの茶器（約30ml）が向く。

高温抽出
90℃以上の熱湯で淹れる。

沸いている湯を直接、茶葉を入れた急須に注いで約 30 秒間蒸らして茶を淹れる。うまみだけでなく、渋みを含めた緑茶のさまざまな成分が抽出されるため、食事全般に合う。口中や気分をすっきりさせたいときに向く。ごくごく飲めるように大きめの茶碗にたっぷりと（約90ml）。

ほうじ茶をつくる

ほうじ茶はさまざまな市販品が出ているが、自家製もできる。
ここでは本格的な焙煎機ではなく、
手軽な器具を使って「直火で焙じる」方法を紹介する。
できたてのほうじ茶は格別の香りだ。

②

①③

④

① 豆やゴマを炒るための素焼きの平
　鍋、焙烙（ほうろく）に煎茶、また
　は番茶を入れ、直火にかける。
② 均一に火が回るように茶葉をゆす
　りながら焙じると、次第に香りが
　立ち、色づいてくる。
③ 好みの濃さまで焙じたら火からお
　ろし、予熱で火が入らないようにす
　ぐに茶葉を取り出す。柄の部分が
　筒状になっているので柄の先を下
　に向けて出す。
④ すぐに急須に移して熱湯（90℃以
　上）を注ぎ、30秒以内で抽出する。

焙じ加減はお好みで

右端が焙じる前の番茶。左へ順に浅炒り、中炒り、深炒り。深炒りほど
香ばしさは強くなるが、浅炒りでもさわやかな飲み口とほのかな焙煎香
が楽しめる。合わせる料理や季節によって好みの加減まで焙じる。

茎と葉で味わいが異なる

写真右の茎はすっきりとクリ
アな味。左の葉のほうは味に
複雑さと厚みが出る。茎は前
菜や魚料理に、葉は肉料理や
デザートによく合う。

道具について

ここでは櫻井焙茶研究所で使用している、
普段使い用の機能美を備えたお茶の道具を紹介する。

白磁の宝瓶

茶漉しが一体となったタイプで、1〜2人分の煎茶を淹れる。宝瓶とは小ぶりで持ち手のない急須（きゅうす）のこと。白磁は高温で焼成するため割れにくく、透明な釉薬がかかっていて汚れにも強い。

茶釜と柄杓

茶道に使われる道具で、湯を沸かす鉄釜と、湯や水を汲み出すための竹製の柄杓（杓）。一見すると枯れた風情で、置いてあるだけで空間が引き締まり、演出効果も高い。

焙烙

煎茶や番茶を焙じてほうじ茶をつくったり、ゴマや豆などを炒りつけるのに使う素焼きの専用具。直火にかざし、均一に加熱するため円を描くようにゆすり続ける。持ち手が筒状になっているので、炒ったものはここから取り出す。

日本茶カタログ

日本各地で生産されている多種多様なお茶のうち、
飲食店で扱いやすいタイプを紹介する。
太字は、お茶のカテゴリー、品種（在来系や不明の場合は記載なし）、生産地。
説明文は、味と香りの特徴／淹れ方の注意点・ポイント／合わせやすい料理・シーンなど。
茶葉5gと90mlの湯量で、記載した方法で淹れた水色と味わいをまとめた。

①普通蒸煎茶　やぶきた　京都宇治

渋みとうまみのバランスのよさが特徴。すっきりとさわやかな味わい／80℃の湯で1分間／食中から食後まで幅広くカバー。和食を中心に中華にも合う。喉を潤したいときに。

甘み	★★☆
渋み	★★☆
うまみ	★★☆
香り・余韻	★★☆

②深蒸煎茶　やぶきた　静岡牧之原

コクがありまろやかな味わい。色も濃く出て、緑茶を飲んでいる満足感が得られる／70℃の湯で30秒間。短時間で出す／和菓子によく合う。口中をさっぱりさせたいときに。

甘み	★★☆
渋み	★★☆
うまみ	★★☆
香り・余韻	★☆☆

③かぶせ茶　うじひかり　京都宇治

煎茶と玉露の中間のお茶。しっかりとしたうまみの中に、さわやかな渋みもある／やや低めの温度でゆっくり。70℃の湯で1分間／渋みが苦手な方におすすめ。芋類にも合う。

甘み	★★☆
渋み	★☆☆
うまみ	★★★
香り・余韻	★★☆

④玉露　ごこう　京都宇治

濃厚なうまみと製法由来の覆い香（海苔のような芳香）が特徴／低温で淹れるとまったりとしたうまみが出る。35℃の湯で3分間／時間をかけて、お茶そのものを楽しみたい。

甘み	★★★
渋み	★☆☆
うまみ	★★★
香り・余韻	★★☆

⑤碾茶　おくみどり　鹿児島霧島

抹茶の原料となるお茶として知られる。茶葉を
あぶった特有の芳香と、スープのようなうまみが
ある／80℃の湯で1分30秒間／そのままは
もちろん、茶葉自体を料理に使う。

甘み	★★☆
渋み	★☆☆
うまみ	★★★
香り・余韻	★☆☆

⑥茎茶（雁が音）　ごこう　京都宇治

玉露の茎の部分を集めたお茶で、さっぱりとし
たうまみが特徴／香りを引き出すため、やや低
温で。70℃の湯で1分間／幅広い料理に合う。
ブレンドティーのベースに最適。

甘み	★★☆
渋み	★☆☆
うまみ	★☆☆
香り・余韻	★☆☆

⑦蒸製玉緑茶　やぶきた　長崎東彼杵

「天然玉露」と呼ばれるほどの濃厚なうまみが
特徴／うまみとコクを出すため低温で。70℃の
湯で1分間／万能に使えるお茶。幅広い料理や
和菓子に合う。お茶単体でも楽しめる。

甘み	★★☆
渋み	★☆☆
うまみ	★★★
香り・余韻	★★☆

⑧釜炒り茶　やぶきた　宮崎五ヶ瀬

通常は蒸して仕上げる煎茶を釜炒りしたお茶。
「釜香」といわれる芳香が特徴／持ち味の爽快
感を出すため、80℃の湯で1分間／渋みが少
なく、飲みやすい。アレンジしやすい。

甘み	★☆☆
渋み	★☆☆
うまみ	★☆☆
香り・余韻	★★★

⑨緑番茶　やぶきた　静岡牧之原

おもに一番茶（新茶）以降に摘まれた茶葉でつく
る、普段使いのお茶。さっぱりして飲みやすい
／90℃の湯で30秒間／うまみや雑味が少なく、
渋みが口中をすっきりさせる。

甘み	★☆☆
渋み	★★☆
うまみ	★☆☆
香り・余韻	★☆☆

⑩ほうじ茶　やぶきた　静岡牧之原

コーヒーのような深い焙煎の香りが特徴。味わ
いは軽やかで、さっぱりとした飲み口／90℃の
湯で30秒間。短時間で抽出する／食後に焼き
菓子とともに。肉料理にもよく合う。

甘み	★★☆
渋み	★☆☆
うまみ	☆☆☆
香り・余韻	★★★

⑪いり番茶　京都宇治

強い燻製のような、スモーキーな香りが特徴。
味はすっきりとクセがない／熱湯を使う。90℃
以上の湯で1分間。水出しもおすすめ／肉料理
全般に合う。燻製料理にも。

甘み	★☆☆
渋み	☆☆☆
うまみ	☆☆☆
香り・余韻	★★★

⑫阿波番茶　徳島上勝

一段発酵という伝統製法でつくられる。さわや
かな酸味が特徴で、ほのかにスパイシーさや
かんきつの香りもある／熱湯を使う。90℃以上
で1分間／魚の焼き物などによく合う。

甘み	★★☆
渋み	☆☆☆
うまみ	☆☆☆
香り・余韻	★★★

⑬碁石茶　高知大豊

二段階発酵という昔ながらの製法を守る「幻の
お茶」。乳酸発酵によるおだやかな酸味が特徴
／熱湯を使う。90℃以上で1分間／そのままで
もおいしいが、茶粥が断然おすすめ。

甘み	★☆☆
渋み	★☆☆
うまみ	☆☆☆
香り・余韻	★★★

⑭黒茶　愛媛西条

二段階発酵による独特な酸味が特徴。酸味の
なかにうまみがあり、クセになる味わい／熱湯
を使う。90℃以上で1分間／赤身肉を使った
料理や、脂っこいものと相性がよい。

甘み	☆☆☆
渋み	★☆☆
うまみ	★☆☆
香り・余韻	★★★

⑮包種茶　みなみさやか　宮崎五ヶ瀬

中国茶の製法でつくられたお茶。マスカットの
ようなフルーティな香りが特徴で、やさしい味
わい／熱湯で香りを出す。90℃の湯で1分間／
クセがなく、幅広い料理に使える。

甘み	★★☆
渋み	★☆☆
うまみ	★☆☆
香り・余韻	★★★

⑯紅茶　みねかおり　宮崎五ヶ瀬

近ごろ注目を集める「和紅茶」。複雑な味わいだ
がタンニンが少なく、ストレートで飲みたい／
90℃の湯で1分間／メインディッシュ全般によ
く合う。赤ワインの代わりに。

甘み	★★☆
渋み	★☆☆
うまみ	★☆☆
香り・余韻	★★★

Blend Tea & Arrangement

日本茶の可能性　ブレンドとアレンジティー

櫻井真也

櫻井焙茶研究所

ブレンドティー

お茶にフルーツの甘みとハーブの香りをプラス。
淹れ方は茶葉（基本は3g）にフルーツとハーブ適量を合わせ、
熱湯（90℃）180mlを注ぎ、約1分間蒸らして抽出。
湯を足し、三煎めくらいまではおいしく飲める。

包種茶　ぶどうとミント

包種茶（みなみさやか）はベリー系の香
りと、フルーティな飲み口が特徴。緑
茶とウーロン茶の中間くらいの味わい
で、とくにフルーツと相性がよい。2種
のブドウ（赤と緑系）をスライスし、ミン
トと合わせる。

紅茶と釜炒り茶
みかんと木の芽

華やかな紅茶と香ばしい釜炒り茶を同
量（各1.5ｇ）ブレンド。ミカンのやさし
い甘みと皮の香り、木の芽のスパイシー
さが味に厚みを出す。

ほうじ茶
春菊とローズマリー

ほうじ茶（3g）に春菊を加え、ローズマ
リーで味の骨格をつくるイメージ。春
菊以外にパクチー、セロリ、フキノト
ウなどもよく合う。肉料理と一緒に。

{ ブレンドティーのバリエーション }

釜炒り茶　大葉と酢橘

釜炒り茶（3g）に青シソとスダチを合わせる。水出しもおすすめ。釜炒り茶特有の香ばしさをアクセントにした、すっきりとさわやかな味わい。和食全般によく合い、とくに刺身や魚料理などに向く。

玉緑茶　柚子とミント

玉緑茶（3g）にユズ皮とミントの組み合わせ。ほのかなうまみがあり、渋みが少ない玉緑茶と薫り高いユズは好相性。さらにユズの香りをミントが支え、伸ばしていくイメージ。幽庵焼きなどユズを使った料理に。

玉緑茶
洋ナシとレモングラス

玉緑茶（3g）に皮つきのまま1/8にカットしたラフランス、レモングラスを合わせる。ラフランスの華やかな甘さとレモングラスの控えめなさわやかさがよく合う。デザートや食後の1杯に。

アレンジティー

自由な発想でつくる新しいお茶のドリンク。
香り、泡、水出し茶、抹茶などを組み合わせて、
魅力的な1杯に仕上げたい。

煎茶スパークリング

発泡スタイルの煎茶。
食前茶として、
シャンパーニュの代わりに

《材料》
粉茶※、または深蒸煎茶…5g
熱湯…15〜20ml
ソーダ…90ml
氷
※煎茶または深蒸煎茶をミルなどで粉砕し
たもの。

《つくり方》
急須に煎茶を入れて湯を注ぎ、1分
間蒸らしたら氷を加え、静かにソー
ダを注ぐ。漉しながらグラスに注ぎ
入れる。

水出しほうじ茶
ドライオレンジ、ローズマリー

水出しほうじ茶とローズマリー、
あぶったオレンジを合わせてアロマティックに。
蓋つきのグラスで香りを閉じ込めて

茶・コーヒー　ハーバル　食中向き

《材料》
水出しほうじ茶（下記のうち）…90ml
　　ほうじ茶の茶葉…10g
　　水…1リットル
ドライオレンジ
ローズマリーの枝

《つくり方》
水出しほうじ茶をつくる（p.61を参
照）。提供時に、ドライオレンジ、ロー
ズマリーをバーナーであぶってグラ
スに入れ、水出しほうじ茶を注ぐ。

抹茶レモネード

レモネードの上に抹茶をフロート。
ソーダで点てた抹茶は、
レモネードになじんで飲みやすい。
インパクトのある2層の仕立て

かんきつ

茶・
コーヒー

泡

《材料》
レモネード…約120ml
　　レモン果汁…20ml
　　シュガーシロップ[※]…15ml
　　ソーダ…90ml
抹茶…60ml
　　抹茶…1.5g
　　ソーダ…60ml
レモンピール
氷
※水1リットルと砂糖500gを合わせて軽く煮詰めたもの。あらかじめシュガーシロップ3：レモン果汁4を合わせて、レモネードのベースをつくっておくと便利。

《つくり方》
まずレモネードをつくる。グラスに氷とレモン果汁、シュガーシロップを入れ、ソーダを注いで軽くステアする。別の容器で抹茶をソーダで点て、先のレモネードに静かに注いでフロートさせる。レモンピールで仕上げる。

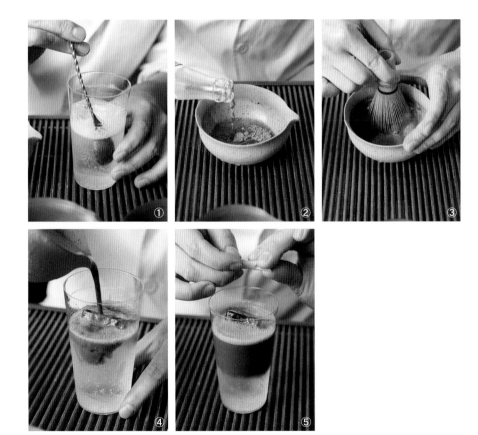

煎茶モヒート

モヒートのノンアルコール煎茶版。
緑茶とミントとライムがきれいに重なり合う。
水出し茶の半量をソーダに替えてもおいしい

《材料》
水出し煎茶…180ml
ライム…1/4個分
スペアミント
きび砂糖
氷

《つくり方》
水出し煎茶をつくる（p.60を参照）。
タンブラーにカットしたライム、
ミント、きび砂糖、水出し煎茶の
半量を入れて、ペストルでつぶし
て味と香りを出す。氷を入れ、残
りの水出し煎茶を注いで軽くステ
アする。

玄米茶と抹茶

玄米特有の香ばしさと
抹茶のふくよかさ。
さわやかな苦みが重なる。
食中向けのお抹茶として

《材料》
玄米茶…約90ml
　　玄米※…6g
　　熱湯…100ml
抹茶…1g
※玄米茶の玄米部分のみを使う。

《つくり方》
玄米に湯を注ぎ、1分間蒸らして淹
れる。この玄米茶で抹茶を点て、氷
を入れたロックグラスに注いで急冷
する。軽くステアし、玄米（分量外）
を飾る。

水出し紅茶
アップルサイダー、
ぶどう、木の芽

大人のアップルティーのイメージ。
りんごのやわらかい味を、
木の芽の香りが引き締める。
とくに洋菓子と相性がいい

茶・コーヒー　フルーツ

《材料》
水出し紅茶（下記のうち）…30ml
　　紅茶…15g
　　水…1リットル
アップルサイダー…60ml
ブドウ
木の芽

《つくり方》
水出し紅茶をつくる（p.61を参照）。
茶葉を多く、濃いめに出す。この水
出し紅茶とアップルサイダーをグラ
スに注ぐ。薄切りにしたブドウを飾
り、木の芽を浮かべる。

煎茶と海苔わさび

煎茶と海苔、ワサビという
相性のいいもの同士の
組み合わせ。
刺身や寿司と一緒に

《材料》
煎茶…3g
ワサビ…1かけ
熱湯…90ml
板のり…1枚

《つくり方》
急須に煎茶とおろしたてのワサビを
入れて湯を注ぎ、すぐに氷を入れた
ロックグラスに漉しながら入れて急
冷する。板海苔をのせる。

番茶アイリッシュコーヒー
三年番茶の香ばしさと複雑さ、
黒茶の酸味が、
まるでコーヒーのような深い味わいに。
カクテルのような薫り高い1杯

茶・コーヒー / スイート / 乳製品

《材料》
三年番茶…2g
黒茶…1g
熱湯…80ml

生クリーム…30ml
シロップ…5ml
レモンの皮のすりおろし
氷

《つくり方》
三年番茶と黒茶を合わせて湯を注
ぎ、2分間蒸らして抽出。シロップ
を加え、すぐに氷を当てて急冷す
る。カクテルグラスに注ぎ、軽く泡
立てた生クリームを上に乗せる。レ
モンの表皮をすりおろして振る。ほ
うじ茶単体でも香ばしく、おいしく
できる。

アフタヌーンティー

ホワイトチョコとチーズ、紅茶が
一体となった「飲むチーズケーキ」。
スプーンを添えて、デザート代わりに

茶・コーヒー　スイート　乳製品

《材料》
紅茶…3g
熱湯…60ml

シロップ…10ml
ゴーダチーズ
ホワイトチョコレート
バニラエッセンス…3dash
氷

《つくり方》
紅茶に湯を注いで濃いめに抽出し、
シロップを加え氷を当てて急冷す
る。カクテルグラスに注ぎ、上から
ゴーダチーズとホワイトチョコレー
トをたっぷりと削りかける。香り付
けにバニラエッセンスを振る。

玉露を使ったお茶のコース

玉露を3段階で味わい尽くす、特別なコース。
一煎めは口中いっぱいに広がる強烈なうまみを、
二煎めは苦みを含めた複雑さを、
三煎めは季節のハーブと一緒に。茶葉のお浸し付き。

一煎め　玉露のうまみを味わう

体温以下の低い温度でゆっくりと玉露のうまみを引き出す。
専用の宝瓶に玉露7gを入れ、35℃の湯30mlを注ぐ。蓋をして3分間おいて
抽出。茶葉が多くの湯を吸うため、10mlほどになる。濃縮された茶葉のうま
みが味わえる。

二煎め　苦みを含めて味わう

一煎めと同じ湯温、量、抽出時間で二煎めを淹れる。茶葉が少し開くので、二煎めは30mlほどになる。うまみに加えて、苦みも出てお茶らしい香りも強まる。茶菓子付き。

三煎め　季節のハーブとともに

開いた茶葉に季節のハーブ（撮影時は食用菊の花）を加え、熱湯を90ml注いで30秒間蒸らす。氷を入れたミキシンググラスに移し、ステアで急冷してグラスに注ぐ。残った茶葉と菊花に二杯酢を合わせ、お浸しにして添える。

Chapter V

Cocktails

バーテンダーがつくる
ノンアルコールカクテル

後閑信吾
The SG Club

ノンアルコールカクテルのこつ

後閑信吾
The SG Club オーナーバーテンダー

カクテルらしい「質感」

「果汁を使ったノンアルコールカクテルのつもりが、ミックスジュースになってしまった」という話をよく聞く。カクテルとジュース、その差は「質感」の違いにあると考えている。カクテルらしい質感とは、なめらかな舌ざわりと透明感のあるクリアな色彩。そして、飲み込んだときに感じる味の凝縮感やインパクト、重量感、さらにシャープさや丸みなど味の立体感も、カクテルならではの質感といえるだろう。

　果汁を使うときは材料を厳選し、雑味のないピュアな果汁を採り、ていねいに漉す。そこからさまざまな要素を組み合わせて、カクテルらしいなめらかな口あたりと凝縮した味わい、華やかな香りなどを表現していく。とくに果汁の割合が高いカクテルの場合、この質感を意識することが重要だ。

ノンアルコールは難しい？

ノンアルコールのカクテルを考えるとき、最初の障壁となるのは使える市販素材が少ないことだろう。自家製で多くのフレーバーをつくるのは手間がかかり、さらにアルコールが使えないとなると劣化も早い。また、味の核となるアルコールの存在、たとえばウイスキー特有の芳醇な香りやコク、深い味わいは別のものでは再現できない。ただ、最近はノンアルコールのジンなど、ユニークなアイテムも少しずつ増えてきたので、いいものはどんどん取り入れたいと思っている。

　新メニューのヒントは、旅先でのインスピレーションから得ることが多い。スパイスの使い方、めずらしいフルーツ、素材の組み合わせ、調理法などさまざまなものが参考になる。そうしたフラットな状態から、通常のカクテルとノンアルコール、両方のレシピを考えてみるのもいいだろう。

カクテルペアリング

　料理とカクテルを、一期一会の感覚で合わせるカクテルペアリングが世界的に人気だ。ペアリングは「1＋1＝10」にする、料理とカクテルが出会って新しい味（フレーバー）をつくり出せるのが最大の魅力といえる。ワインやほかのドリンクと違って、カクテルは材料が無限にあり、また調味の五味（甘み・辛み・苦味・酸味・塩辛さ）を自由に足したり引いたりできる。そして、温度調節も料理に合わせて最適となるように調整が可能だ。

　ノンアルコールカクテル自体は昔からあるものだが、この2～3年で需要が急速に高まってきたと実感する。とくに私が住んでいるニューヨークでは、いろいろな理由で一時的にせよ、アルコールを飲めない・飲まない人が増えている。そういうお客さまにも気持ちよくバーを楽しんでもらうことが、これからのバーテンダーの務めだと考えている。

材料を混ぜたり、軽く泡立てるときに使うフローサー。スピード提供に役立つグッズは積極的に取り入れている。

Pineapple Gazpacho
パイナップル ガスパチョ

スープからのインスパイア。
みずみずしいキュウリとフルーツに
爽快で複雑な香りが重なり合う

フルーツ　ハーバル　かんきつ　食中向き

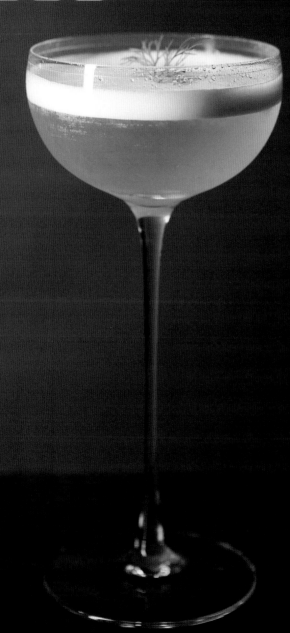

On a Slow boat to China
オンナスローボートゥチャイナ

名前は、軽快なジャズのスタンダードナンバーから。
ジャスミン茶とライチ、蜂蜜のニュアンスが
エキゾチックな艶やかさを生む

茶・コーヒー　フルーツ　ハーバル

Pineapple Gazpacho
パイナップル ガスパチョ

《材料》
キュウリの皮の果汁[※]…25ml
パイナップル果汁（上澄み液）^{※※}…50ml
レモングラスのウォーター^{※※※}…5ml
ノンアルコール・ジン^{※※※※}…20ml
ライム果汁…5ml
シュガーシロップ…5ml

《仕上げ》
E.V. オリーブオイル…4滴
パチュリの塩水^{※※※※※}
ディル

※キュウリ果汁は、皮の濃いグリーンの部分のみを集めて
ジュースをとる。全部を使うと青臭くなってしまう。
※※パイナップル果汁は、ジュースを搾った上澄みの部分、
クリアなところだけを使う。下の濃い部分は別のカクテルに。
※※※レモングラスのウォーターは、レモングラスの繊維
をよくたたき、パイナップル果汁に混ぜて浸漬させてから
目の細かい布で漉す。
※※※※「Seedlip」のGarden108。ボタニカル由来の
グリーンな香りが主体だが、ほのかに花のニュアンスもある。
※※※※※パチュリの風味をつけた塩水。

《つくり方》
① 材料を氷とともにシェイカーに入れ、シェイ
   クする。パイナップルの状態により、ライム
   とシロップの量を調節する。パイナップルが
   入ることで、ムースのような泡ができる。
② カクテルグラスに注ぎ、オリーブオイルを振
   る。グラスにわずかにかかるようにパチュリ
   の塩水をスプレーし、ディルを飾る。

《memo》
キュウリを使ったカクテルは、アメリカではかなり前からポピュラーな存在だが、日本
ではそれほど定着していない。これは素材自体の違いが影響しているのかもしれない。
アメリカのキュウリは大きくて全体に味が淡く、香りも薄い。一方、日本のキュウリはウ
リ科特有の強い青臭さがあるため、カクテルに使う場合は、この臭いをうまくコントロー
ルする必要がある。そこさえクリアできれば、キュウリの持ち味であるみずみずしさや
青い香り、ミネラル感などを生かしたカクテルが一気に広まるだろう。

On a Slow boat to China
オンナスローボートゥチャイナ

《材料》
ジャスミン茶※…5ml
ライチ果汁…40ml
ヴェルジュ※※…1tsp
ジンジャーハニー・シロップ※※※…1tsp

《仕上げ》
エディブルフラワー
レモンピール
（ポートフォール）
オレンジ、ドラゴンフルーツ、ディル、
エディブルフラワーなど

※ジャスミン茶は濃いめに淹れて冷やしておく。
※※ヴェルジュは、フランスのワイナリーが伝統的に生産する未熟ブドウのジュースで、さわやかな酸味が特徴。
※※※ジンジャーハニー・シロップは、ショウガをジューサーで絞り、ハチミツと合わせて炊いて漉しておく。

《つくり方》
① 氷を入れたミキシンググラスに材料を順に
　 合わせ、ステアする。
② 漉しながら氷を入れたカクテルグラスに注ぎ、
　 エディブルフラワーを飾る。レモンピールする。

《memo》
カクテルの甘みは、できるだけナチュラルな味わいのものを使っている。基本的にシロップは自家製で、砂糖以外にもここで使ったジンジャーハニーや、フルーツの果汁を煮詰めたものなど複数のアイテムを用意し、カクテルの個性やめざす味わいに合わせて最適なものを選んでいる。フレーバード・シロップは香りが支配的で、ほかの素材の個性を覆い隠してしまうため、使っていない。

Amazonian fruits
アマゾンの実

スモークを満たした大きなシャボン玉。
パッと弾けた瞬間に
ハーバルなカクテルと融合

Cafe con verde
午後のコーヒー

いまや定番となった
コーヒーカクテルのノンアル版。
NYのローワーイーストサイドで見つけた
コーヒーと紫蘇のアイスをヒントに

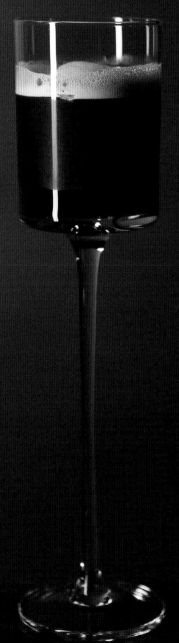

Amazonian fruits
アマゾンの実

《材料》
ベチバーの生成水※…20ml
リンゴ果汁…60ml
ノンアルコール・ジン※※…15ml
バジル…2〜3枚
ハチミツ※※※…1tsp
レモン果汁…1tsp

《仕上げ》
フレーバーブラスター

※ベチバーがもつシトラス系の香水のような芳香が特徴。
※※「Seedlip」のSpice94。こちらはややスパイシー。
※※※東京産のハチミツを使用。

《つくり方》
① ミキシンググラスに材料を入れ、バジルの
   葉をペストルでつぶす。氷を入れてステア
   し、漉しながらカクテルグラスに注ぐ。
② フレーバーブラスター（スモーク発生器）の
   口を食用シャボン液に付け、カクテルの上
   に大きなシャボン玉をつくる。

 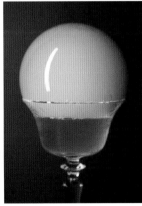 

Cafe con verde
午後のコーヒー

《材料》
濃縮コーヒー…30ml
黒糖シロップ※※…15ml
青シソ…2枚

《仕上げ》
レモンピール

※コールドブリュー（水出し）でかなり濃いめのコーヒーを
落とす。エスプレッソでもいいが、コールドブリューのほ
うが持ちがよく、用途も広い。この濃縮コーヒーは水で割っ
てアイスコーヒーに、トニックで割ってコーヒー・トニック
にするほか、マティーニのツイストなどに「甘くないシロッ
プ」としても使う。
※※沖縄産の黒糖に水を加えて炊いたもの。

《つくり方》
① 材料をシェイカーに入れる。味と香りが出
　 るように青シソを軽くつぶして加え、氷を入
　 れてシェイクする。
② 漉しながらカクテルグラスに注ぎ、レモン
　 ピールしてピールを浮かべる。

《memo》
コーヒーをシェイクするだけでは普通のシェカラートなので、ここではニューヨークで
見つけたコーヒーと紫蘇とのコンビネーションをヒントに、複数の香りのアクセントを付
けてカクテルらしく仕上げた。
店でコーヒーを出すようになったのは、上海の2号店でのヒットを受けてから。店のス
タイルに合わせたコーヒーを出すことは、とくに若い客層に向けた重要なアピールにな
る。いまは各店舗に専門のバリスタを配置し、彼らが厳選したコーヒーとそこから派生
したカクテルを提供している。

Chapter VI

Restaurants

レストランのノンアル・低アルコールドリンク

亀井崇広・塚越慎之介・緑川峻
sio

レストランのノンアル・低アルコールドリンクのこつ

亀井崇広・塚越慎之介・緑川 峻

sio サービス担当

３つのアプローチ

　レストランに相応しいオリジナルのノンアルコールドリンクを考えるとき、大まかに３つのアプローチがある。

・使いたい素材がある
・つくりたい味がある
・「型」を分解して再構成する

　まず、使いたい素材が決まっているときは、ストレートに素材から発想を広げていく。これとは別に、料理とのバランスなどから「つくりたい味」が先にある場合は、候補となる材料をいくつか選び、試作を重ねて味を調整しながらほかの要素を加えていく。最後の「型」とは、タルトタタン（p.109）のように元の味やスタイルが想起しやすいものをベースに、その要素を分解してドリンクとして再構成したり、強調するポイントを変えることで新たな味わいを表現する。この例では、火を入れたリンゴの甘み、キャラメルの香りとコク、少し焦げた香ばしさとパイ生地のニュアンス、などを多層的に重ねながら、口あたりは軽やかで飲みやすく、洗練された味わいに仕上げている。

調理の技法や素材を活用

　調理で使う技法や機器類、素材などをドリンクづくりに活用できるのも、レストランならではの強みだ。液体に香りを封じ込める、煎じる、漬け込む、真空パック（減圧下）で味や香りを浸漬させるといった技法や、「調理的な発想」でハーブやスパイス、調味料などを使えば、表現の幅は飛躍的に広がっていく。お茶や果汁を使う場合も、そのまま出すのではなく、何らかの香り

を重ねたり、口あたりを軽くするなど、ひと手間をかけることでレストランらしいドリンクに仕上がる。現代のレストランは一皿の構成要素が多く、香りや味、温度、食感などが多層的に構築されているため、合わせるドリンクにもある程度の複雑さや余韻の長さが求められる。

　実際の手順では、ベースの液体（お茶や果汁など）に味や香りの要素を加えて味を重ねていく場合と、それぞれ別途につくった液体を提供直前にブレンドする方法がある。どちらを選ぶかは、ベースの液体や加える素材の「性質」── 味や香りの抽出力や経時変化の傾向 ── を見きわめることが肝心だ。さらに「生産性」「安全性」「保存性」などの観点から総合的に判断する。

料理との合わせ方

　レストランのドリンクは「料理を引きてる」ことが第一義。とはいえ、昔ながらの「足りないものを補い合う」ペアリング──たとえば、酸を抜いたサラダに、酸味のあるドリンクを合わせて味が完成する ── というスタイルは、いまの時代にそぐわない。同じように、コースの全品においてお茶で口中を洗い流して「味を切る」方法では余韻が短くなり、コースの流れも断ち切ってしまう。いま求められるのは、味や香りが多層的に構成された皿に、同じように複雑さをもつドリンクを合わせること。完璧につくったもの同士、あるピンポイントで響き合う、さらに両者が合わさって新たな味を創造するのが、レストランらしいクリエイティビティだと考えている。

料理に使うハーブやスパイス、かんきつ類もドリンクの香り付けになる。味や香りの強弱、組み合わせ方など自由自在にデザインできる。

洋ナシのソーダ

華やかな洋ナシに
ハーブとスパイスを加えて
さわやかさとキレをプラス。
炭酸の軽さで、食前から食中に向く

[フルーツ] [ハーバル] [泡] [食中向き]

レシピは p.110

桃と柑橘、グリーンペッパー

五味とは別のベクトル「辛みと香り」で
桃の甘さをぴりっと引き締めた。
醤油味の料理や豚や鶏肉と合わせたい

フルーツ　ハーバル　食中向き

レシピは p.110

リンゴと緑茶

リンゴの甘みに、緑茶の苦みと渋み、
ハーブの複雑な香りを合わせた1杯。
ディルはリンゴと近い香りで自然に溶け合う。
白身肉を使った料理や中華と一緒に

| フルーツ | 茶・コーヒー | ハーバル | 食中向き |

レシピは p.110

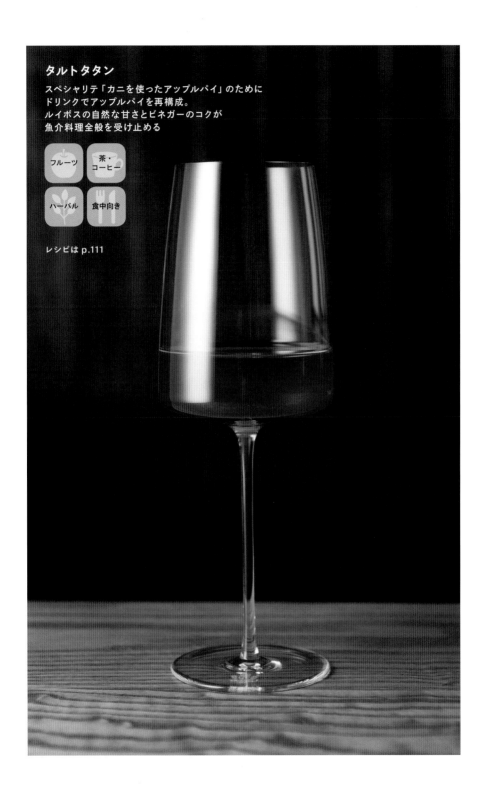

タルトタタン

スペシャリテ「カニを使ったアップルパイ」のために
ドリンクでアップルパイを再構成。
ルイボスの自然な甘さとビネガーのコクが
魚介料理全般を受け止める

| フルーツ | 茶・コーヒー |
| ハーバル | 食中向き |

レシピは p.111

洋ナシのソーダ

《材料》仕込み約1.5リットル分
A：タイム（フレッシュ）…10g
　　コリアンダー（シード）…5g
　　熱湯（約90℃）…300ml
　　氷…200g

洋ナシのジュース※…1リットル

※山形のラフランス生産者がつくる果汁100％ジュースで、果肉分を多く含み、ピュレとジュースの中間のような質感。洋ナシをジューサーで搾って代用できる。

《つくり方》
① 　Aのハーブティーを淹れる。タイムとコリアンダーに湯を注ぎ、蓋をして10分間蒸らして漉す。ここに氷を加えて急冷する。
② 　①に洋ナシのジュースを合わせ、冷蔵庫で保存する。提供前にソーダストリームで炭酸を注入する。

桃と柑橘、グリーンペッパー

《材料》仕込み約1.5リットル分
A：ライムリーフ（フレッシュ）※…10g
　　グリーンペッパー（ホール）…12g
　　ブラックペッパー（ホール）…2g
　　熱湯（約90℃）…300ml
　　氷…200g

モモのジュース※※…1リットル

※こぶみかん、バイマックルーの葉。
※※モモの生産者がつくる果汁100％ジュースで、果肉分が多く、ピュレとジュースの中間のような質感。

《つくり方》
① 　Aのライムリーフとペッパーに湯を注ぎ、5分間蒸らして漉す。氷を加えて急冷する。
② 　①にモモのジュースを合わせて冷蔵庫で保存し、3時間後に漉す。

リンゴと緑茶

《材料》仕込み約1.5リットル分
A：釜炒り茶（九州産）…8g
　　熱湯（約90℃）…300ml
　　氷…200g

リンゴ果汁（ふじ）※…1リットル
ディル（フレッシュ）…5g
セルフィーユ（フレッシュ）…5g

※リンゴ（ふじ）をジューサーで搾ったもの。果汁100％ジュースで代用可。

《つくり方》
① 　Aの釜炒り茶に湯を注ぎ、2分間蒸らして漉す。氷を加えて急冷する。
② 　①にリンゴ果汁を合わせ、ディルとセルフィーユを漬け込む。8時間後くらいにハーブを引き上げたら飲み頃に。

タルトタタン

《材料》仕込み約2リットル分

A：アップルピース[※]…15g
　　熱湯（約90℃。以下同）…400ml
B：シナモンスティック（セイロン産）…8g
　　熱湯…400ml
C：ルイボスティー…15g
　　熱湯…400ml
D：氷…800g
　　アップルビネガー^{※※}…52g

※ハーブティーなどに使われるチップ状の乾燥リン
ゴ。ほのかな甘みとフルーティな香りが特徴。
※※リンゴ酢をバルサミコ酢のように熟成させたも
の。凝縮した味わいで、酸味よりもコクとうまみが
ある。

《つくり方》
① Aのアップルピースに湯を注ぎ、5分
　 間蒸らして漉す。
② Bのシナモンを粗く砕き、①のアップ
　 ルピースが残っているポットに加えて、
　 再び湯を注いで5分間蒸らして漉す。
③ Cのルイボスティーに湯を注いで3分
　 間蒸らし、漉しながら②の残ったアッ
　 プルピースとシナモンに注ぎ入れる。
　 5分間蒸らして漉す。
④ ①、②、③を合わせてDの氷とアッ
　 プルビネガーを加える。冷蔵庫で保存
　 する。

アールグレイ・スパークリング

イメージは「日本スタイルのアールグレイ」。
和紅茶と在来かんきつを軸に炭酸で仕上げた、
軽くやわらかな飲み口。
華やかなフレーバーは前菜にぴったり

かんきつ ／ 茶・コーヒー ／ 泡 ／ 食中向き

レシピは p.114

アールグレイ・クラシック

アールグレイの原型をめざしてつくった1杯。
ライチやかんきつ、
スパイス由来の複雑な香りと
ほのかな渋みが新鮮な印象。
軽いエスニックやハーブを効かせた料理に

レシピは p.114

ラプサンスーチョン

薫香の強くない「無煙式」で
仕上げた茶葉を使い、
3段階の抽出で
茶葉本来のうまみと香りを引き出す。
醤油のニュアンスもあるので、
焼き物と相性がいい。
蓋つきグラスで提供しても

レシピは p.115

アールグレイ・スパークリング

《材料》仕込み約1.5リットル分
A：和紅茶（べにふうき）※…14g
　　熱湯（約90℃。以下同）…200ml
　　氷…800g
B：シークー（喜界島産のかんきつ）の皮※※
　　　…3個分
　　熱湯…200ml
C：シークーの果汁…3個分
　　氷…500g弱

※福岡「千代乃園」製の無農薬和紅茶（八女産べにふうき）を使用。時間の経過とともに香ばしさと華やかなフレーバーが現れてくる。
※※喜界島の在来品種「シークー」は、近年の研究でベルガモットに似た香気成分が発見されている。ベルガモットはアールグレイの香り付けにも使われている。

《つくり方》
① Aの茶葉に湯を注いで2分間ほど蒸らし、氷800gを加えて急冷する。そのまま1時間おいてから漉す。熱湯と冷水、それぞれの温度帯で出る紅茶の味わいを両方とも引き出すため。
② Bのシークーは表皮のみを削りとり、湯を加えて5分間ほど蒸らして香りを抽出（アンフュゼ）する。
③ CはBで残ったシークーの果汁を搾り、氷と合わせて500gにする。漉した②を加え、①を合わせて冷蔵庫で保存する。提供前にソーダストリームで炭酸を注入する。

アールグレイ・クラシック

《材料》仕込み約1.5リットル分
A：キーマン紅茶（中国製）※…15g
　　熱湯（約90℃。以下同）…800ml
　　氷…400g
B：マニゲットペッパー（ホール）※※…5g
　　陳皮…5g
　　熱湯…200ml
　　氷…100g

ライチ…5個

※華やかな香りの中国紅茶で、味わいはアロマティックでフルーティ。ゲヴュルツトラミネールのようなイメージで、スパイシーな料理やたっぷりとハーブを使った料理に合う。
※※高級黒コショウ。辛みよりも、さわやかな香りが特徴。

《つくり方》
① Aのキーマンに湯を注ぎ、3分間蒸らして漉す。氷を加えて急冷する。
② Bのマニゲットと陳皮に湯を注ぎ、10分間蒸らして漉す。氷を加えて急冷し、①と合わせる。
③ ライチは皮と種を除いて軽くくずし、②に加える。冷蔵庫で保存し、8時間後くらいからおいしく飲める。

ラプサンスーチョン

《材料》仕込み約2リットル分
ラプサンスーチョン（中国産）※…30g
A：熱湯（約90℃。以下同）…500ml
　　氷…500g
B：熱湯…500ml
C：氷水…500ml

※中国武夷山の「無煙式」で仕上げたラプサンスー
チョンを使用。ほのかにカカオやアーモンドのよう
なナッツ香がある。抽出を工夫することで、うまみ、
甘みの余韻が長く楽しめる。

《つくり方》
① A（一煎め）は茶葉に湯を注ぎ、1分間
　蒸らして漉す。すぐに氷を加えて急冷
　する。おもに焙煎香が抽出される。
② B（二煎め）は①の残った茶葉に再度
　湯を注ぎ、40秒間蒸らして漉す。焙煎
　香に加えてフルーティな香りが出てく
　る。①と合わせる。
③ C（三煎め）は②の茶葉に氷水を加えて
　30分間おく。渋みを出さないように水
　出しし、余韻のうまみとフルーティさ
　を引き出す。漉して②と合わせる。

シュラブ＆ホエイ
話題のボタニカルドリンク「シュラブ」に
ヨーグルトのホエイを合わせた
ストイックな味わい。
スパイスカレーやソースを使った料理に

ハーバル　泡　乳製品

レシピは p.120

ジントニック【低アルコール】

かんきつとハーブで薫り高く仕上げた
自家製トニックウォーター。
国産のジンを加えたジントニックは
すっきりとした味わいで、焼き魚によく合う

レシピは p.120

ミード 【低アルコール】

名物「ブルーチーズのリゾット」と至福のペアリング。
ブルーチーズと相性のよい、ハチミツ、コショウ、海苔を
ミード、花椒、アオサに置き換えて構成。
紅茶を思わせる、上品でなめらかな口あたり

レシピは p.121

田ぜりサワー【低アルコール】

「レストランのサワー」をテーマに、
季節ごとに素材を変えてつくる漬け込み酒。
複雑な香りと苦み、酸味がバランスする。
揚げ物やスパイシーな料理と一緒に

かんきつ　ハーバル　泡　食中向き

レシピは p.121

119

シュラブ＆ホエイ

《材料》
ホエイ…3/4
シュラブ※…1/4
カルピス…適量

※ロンドンから輸入した「シュラブ・オリジナル」を使用。ハーブやスパイスとともに、かんきつやビネガーのニュアンスもあり、甘くない複雑な香りが楽しめる。

《つくり方》
① ヨーグルトを水きりして出た乳清（ホエイ）にシュラブを合わせる。好みで少量のカルピスを加えるとまろやかに仕上がる。乳製品同士でカルピスとホエイは相性がいい。

ジントニック【低アルコール】

《材料》仕込み約2リットル分
A：スウィーティーの皮※…1個分
　　水…1.5リットル
B：オレガノ（フレッシュ）…20g
　　熱湯…500ml
　　氷…300g
C：スウィーティー果汁…1個分
　　ハチミツ…10g

《仕上げ》
国産クラフトジン※※…2ml
ユズの表皮、オレガノ

※ほかにグレープフルーツ、メローゴールドなどもおすすめ。表皮の下の白いワタの部分も入れて、あえて苦みを加える。残った実は搾って果汁をとり、Cで使う。
※※ユズの風味がある佐多宗二商店のクラフトジン「AKAYANE オリエンタルシリーズ」を使用。

《つくり方》
① トニックウォーターをつくる。鍋にAのスウィーティー皮と水を合わせて火にかけ、1.2リットルほどまで煮詰める。皮を取り出し、氷を当てて冷ます。
② Bのオレガノに湯を注ぎ、2分間ほど蒸らして漉す。氷を加えて急冷する。
③ ①と②を合わせ、Aで残ったスウィーティーの果汁とハチミツを加え、冷蔵庫で保存する。ソーダストリームで炭酸を注入し、トニックウォーターを仕上げる。
④ 提供時は③をグラスに注ぎ、スポイトなどでごく少量のジンを落として香りをつける。ユズ皮とオレガノを飾る。

ミード【低アルコール】

《材料》仕込み約2リットル分
花椒（ホール）…20g
アオサ（乾燥）…10g
水…2リットル

《仕上げ》
ミード※…適量

※ミード（蜂蜜酒）はワイン以上に歴史が古いとされ、世界各国でさまざまなタイプのものがつくられている。ここでは愛媛佐多岬産「MISAKIミード」を使用。

《つくり方》
① 材料を合わせてひと晩おいて漉し、水出しのハーブウォーターをつくる。
② ①とミードを合わせる。目安は、ミード1：ハーブウォーター3だが、ミードの量はお好みで。甘みや苦みを出したければミードを多めに、スパイスの香りを強調したければハーブウォーターを多くする。

田ぜりサワー【低アルコール】

《材料》仕込み約1リットル分
甲類焼酎（25度）…1リットル
ユズ…1/2個分
マイヤーレモン…1/2個分
田ゼリ…1束
カルダモン（ホール）…10粒
マニゲットペッパー（ホール。p.114）
　…1g
キュベベペッパー（ホール）※…1g

《仕上げ》
ソーダ
レモン、田ゼリ…各適量

※香りの高い黒コショウ、かんきつ系のさわやかな香りと酸味が特徴。

《つくり方》
① 材料を合わせて、漬け込み酒をつくる。ユズとレモンは皮付きのまま輪切りにし、田ゼリはざく切り、スパイスはホールで加える。冷蔵庫で保存し、1日後にはフレッシュな味わいが、2〜3日めくらいから複雑な味わいが出てくる。
② 提供時は、グラスに少量の①を注ぎ、モヒート風にたっぷりの田ゼリとレモンを入れてソーダで満たす。好みでハチミツやメープルシロップ（分量外）などを少量加えると、酸味やコショウのカドがとれて飲みやすくなる。

取材協力（掲載順）

岩倉久恵　Hisae IWAKURA

　日本ソムリエ協会認定ソムリエ、SSI認定唎酒師。東京浅草「La Maison du 一升 vin」女将。飲食店の開業、業務委託、スタッフトレーニングを手がける株式会社ケトルなどを運営。

　学生時代のアルバイトから飲食業のキャリアをスタートし、大学卒業後は外食企業に就職。当時はめずらしかったカジュアルな空間で上質なワイン・日本酒を提供するスタイルを大成功に導き、その後は新店舗の立ち上げ、メニュー開発、スタッフのトレーニングなどを12年間担当する。2003年に独立し、04年神泉「buchi」、05年恵比寿「brui」、07年に中黒目「金菜」と目黒「キッチン・セロ」、12年に神泉「CAFÉ BLEU」など話題店を続々オープン。ブーム以前から日本ワインの生産者とつながりを持ち、そのおいしさや楽しみ方を広めた「日本ワインの伝道師」としても知られる。

`Chapter I`「すぐできるノンアルコール」、
`Chapter II`「自家製するノンアルコール」担当

La Maison du 一升 vin

串と鍬（くわ）焼きをメインにしたカジュアルダイニングで、希少な日本ワインと自然派ワインをメインに、厳選した地酒とクラフトビール、ノンアルコールドリンクまで豊富にラインナップ。外光が入る開放的な店内は、入口のテラスと1階、2階があり全40席。午後3時からのオープンで、昼下がりの1杯が楽しめる。

東京都台東区浅草1-9-5
Tel：03-6231-6103
http://kettle.tokyo/isshovin/

櫻井真也　Shinya SAKURAI

　東京表参道「櫻井焙茶研究所」店主。現代における茶の様式を創造し、継承のため淹れ手の育成などを行なう一般社団法人茶方會（さぼえ）草司（そうし）。茶会やイベントの主催、日本茶セミナー講師、飲食店のドリンク開発・監修、各種トレーニングなど多方面で活動中。

　学生時代にバーテンダーのアルバイトをしたことをきっかけに飲食業へ。銀座のバーなどで勤務した後、「現代における日本の文化創造」をテーマに飲食事業やプロダクトデザインを手がけるSIMPLICITY入社。日本料理店「八雲茶寮」、和菓子店「HIGASHIYA」のマネジャーを経て、2014年に東京西麻布「櫻井焙茶研究所」を独立開業。16年表参道に移転。店内の茶房では、店名にも掲げたロースターで焙じるほうじ茶を軸に、お茶の産地・品種による飲み比べ、お茶のコース、茶と酒を組み合わせた「茶酒（ちゃしゅ）」など、さまざまな日本茶の愉しみ方を提案する。

Chapter Ⅲ「日本茶ストレート」、
Chapter Ⅳ「ブレンドとアレンジティー」担当

櫻井焙茶研究所

表参道のランドマーク、スパイラルビル内にありながら、外観の喧騒を感じさせない落ち着いた空間。茶葉や茶道具などのショップスペースと、広いカウンターの茶房コーナーがあり、お茶を淹れる様子を眺めながらゆったりとした時間を過ごせる。単一品種のお茶から各種のブレンド、アレンジティーまで幅広いメニューがそろう。

東京都港区南青山5-6-23 スパイラル5F
Tel：03-6451-1539
https://www.sakurai-tea.jp/

後閑信吾　Shingo GOKAN

　東京渋谷「The SG Club」オーナーバーテン
ダー。ニューヨーク、東京、上海で5店のバーを運営
する株式会社SG Groupのファウンダー。世界が
注目する日本人バーテンダーのひとりで、各国でゲ
ストバーテンダーを務めるほか、カクテル講師、国
際大会の審査員としても活動する。バー業界のアカ
デミー賞といわれる「International Bartender of
the Year (2017年)」など受賞多数。

　高校卒業後に地元のレストランバーでバーテン
ダーの基礎を身につけ、2006年単身渡米。下積み
を経て、ニューヨークの名店「Angel's Share」
のヘッドバーテンダーに就任。米国代表として出場
した「バカルディ・レガシー・カクテルコンペティ
ション2012」にて世界大会優勝。2014年に上
海「Speak Low」の出店を皮切りに、同市内に
「Sober Company」「The Odd Couple」を立
て続けにオープン。日本国内では18年に渋谷「The
SG Club」、20年6月に渋谷「The Bellwood」
を出店した。

Chapter V「ノンアルコールカクテル」担当

The SG Club

1階はカジュアルな雰囲気、地下はゆっくり飲める
オーセンティックバー、2階は会員制のシガーバー
というフロア構成。「バーをみんなのものに」とい
うテーマを掲げ、カクテルや各種アルコールはもち
ろん、ノンアルコールやバリスタが淹れるコーヒー
も充実。テーブルチャージを無くし、若い人が気
軽に立ち寄れる店をめざす。

東京都渋谷区神南1-7-8
Tel：03-6427-0204
http://sg-management.jp/

亀井崇広 Takahiro KAMEI
塚越慎之介 Shinnosuke TUKAGOSHI
緑川 峻 Shun MIDORIKAWA

亀井崇広（右）

　日本ソムリエ協会認定ソムリエ。栄養士。sioサービス担当。東京農業大学在学時から食材や発酵調味料・飲料に触れる機会が多く、自然と飲食業（調理とサービス）の道へ。途中、テレビの番組制作などを経て、同店の立ち上げから参画。

塚越慎之介（中央）

　日本ソムリエ協会認定ソムリエ。SCAJ認定コーヒーマイスター。sioサービス担当。紅茶・ハーブティーの卸、ドリンク提案などを手がけるルレクゥール代表。辻調理師専門学校・フランス校で製菓を学んだ後、発酵茶への関心が高まり、ジークレフ（吉祥寺）などの専門店で修業。現在はインド、中国、スリランカでの茶葉の買い付けから、飲食店に向けたドリンク開発やコンサル業も行なっている。

緑川 峻（左）

　姉妹店の丸の内「o/sio（オシオ）」マネジャー。服部栄養専門学校卒業後、「ラ・ロシェル南青山」で3年間サービスに従事。sioとo/sioでは、季節ごとに野菜やフルーツを入れ替えた「レストランのサワー」の開発を担当する。

Chapter Ⅵ 「レストランのノンアル・低アルコールドリンク」担当

sio

サッカー選手や小学校教員という異色の経歴をもつ鳥羽周作シェフが、店舗造作からBGMに至るまでを手がけ「自身のすべてをそそぎ込んだ」という星付きのフレンチレストラン。一皿ずつ精緻に組み立てられたコースは、食べる側の五感を刺激する。ランチとディナーともにコースに合わせて、アルコール／ノンアルコールのペアリングを用意する。

東京都渋谷区上原1-35-3
Tel：03-6804-7607
http://sio-yoyogiuehara.com/

素材別　Index

【かんきつ類】

◎オレンジ

赤いサングリア……………………… 50

水出しほうじ茶 ドライオレンジ、

　ローズマリー………………………… 79

◎シークー

アールグレイ・スパークリング……112,114

◎スウィーティー

ジントニック…………………………117,120

◎スダチ

釜炒り茶 大葉と酢橘………………… 77

◎ミカン

紅茶と釜炒り茶 みかんと木の芽……… 75

◎ユズ

柚子ソーダ…………………………… 22

柚子ジンジャーソーダ……………… 23

柚子ゼロビール……………………… 24

柚子ホットネード…………………… 24

柚子ウィンナコーヒー……………… 25

玉緑茶 柚子とミント………………… 77

ジントニック…………………………117,120

田ぜりサワー…………………………119,121

◎ライム

抹茶トニック……………………………54

ジンジャーレモンソーダ…………… 49

煎茶モヒート………………………… 82

パイナップル ガスパチョ…………94,96

◎レモン

モナン ビターソーダ………………… 26

甘酒ソーダ…………………………… 31

レモンモヒート……………………… 44

大葉モヒート………………………… 44

大葉梅干しモヒート………………… 44

即席レモネード……………………… 45

大人の柑橘ソーダ…………………… 47

赤いサングリア……………………… 50

白いサングリア……………………… 51

抹茶レモネード……………………… 80

アマゾンの実……………………… 98,100

オンナスローボートゥチャイナ…… 95,97

田ぜりサワー（マイヤー種）…………119,121

【フルーツ】

◎パイナップル

白いサングリア………………………51

フルーツビネガー…………………… 56

パイナップル ガスパチョ…………94,96

◎ブドウ

包種茶 ぶどうとミント………………74

水出し紅茶 アップルサイダー、

　ぶどう、木の芽………………………84

◎モモ

白いサングリア………………………51

桃と柑橘、グリーンペッパー………107,110

◎ライチ

アールグレイ・クラシック…………113,114

オンナスローボートゥチャイナ…… 95,97

◎ラフランス

玉緑茶 洋ナシとレモングラス……… 77

洋ナシのソーダ………………………106,110

◎リンゴ

アップルジンジャーホットレモン……48

赤いサングリア……………………… 50

アマゾンの実……………………… 98,100

リンゴと緑茶………………………108,110

タルトタタン（ドライ）……………109,111

【ハーブ】

◎青シソ

赤しそグレープフルーツ………………39

大葉モヒート………………………… 44

大葉梅干しモヒート………………… 44

釜炒り茶 大葉と酢橘………………… 77

午後のコーヒー………………………99,101

◎ショウガ

柚子ジンジャーソーダ……………… 23

柚子ホットネード…………………… 24

甘酒ソーダ…………………………… 51

大人の柑橘ソーダ…………………… 47

白いサングリア……………………… 51

◎ミント

カルピス甘酒ソーダ………………… 51

白いサングリア……………………… 51

包種茶 ぶどうとミント……………… 74

玉緑茶 柚子とミント………………… 77

煎茶モヒート………………………… 82

◎ローズマリー
　甘酒ジンジャー……………………32
　ほうじ茶 春菊とローズマリー…………76
　水出しほうじ茶 ドライオレンジ、
　　ローズマリー……………………79
◎その他
　ジントニック（オレガノ）…………117,120
　紅茶と釜炒り茶
　　みかんと木の芽（木の芽）…………75
　水出し紅茶 アップルサイダー、
　　ぶどう、木の芽（木の芽）…………84
　リンゴと緑茶（セルフィーユ）………108,110
　洋ナシのソーダ（タイム）………106,110
　リンゴと緑茶（ディル）…………108,110
　パイナップル ガスパチョ（ディル）…94,96
　アマゾンの実（バジル）………98,100
　桃と柑橘、グリーンペッパー
　　（ライムリーフ）…………107,110
　カルピストマトジュース（レモングラス）…40
　玉緑茶 洋ナシと
　　レモングラス（レモングラス）…………77
　煎茶と海苔わさび（わさび）…………85

【茶・コーヒー関連】
◎抹茶
　ホット抹茶甘酒……………………33
　抹茶トニック………………………34
　抹茶グレープフルーツ……………35
　抹茶林檎ジュース…………………55
　抹茶ラテホット……………………36
　抹茶ラテアイス……………………36
　抹茶レモネード……………………80
　玄米茶と抹茶………………………85
◎緑茶系
　紅茶と釜炒り茶 みかんと木の芽………75
　釜炒り茶 大葉と酢橘………………77
　玉緑茶 柚子とミント………………77
　玉緑茶 洋ナシとレモングラス…………77
　煎茶スパークリング………………78
　煎茶モヒート………………………82
　玄米茶と抹茶………………………85
　煎茶と海苔わさび…………………85
　番茶アイリッシュコーヒー…………86
　リンゴと緑茶……………………108,110

◎ほうじ茶
　ほうじ茶甘酒ラテ…………………33
　ほうじ茶 春菊とローズマリー…………76
　水出しほうじ茶 ドライオレンジ、
　　ローズマリー……………………79
◎コーヒー
　柚子ウィンナコーヒー………………25
　抹茶ラテホット……………………36
　午後のコーヒー…………………99,101
◎紅茶
　紅茶と釜炒り茶 みかんと木の芽………75
　水出し紅茶 アップルサイダー、
　　ぶどう、木の芽…………………84
　アールグレイ・スパークリング……112,114
　アフタヌーンティー…………………87
◎中国茶系
　包種茶 ぶどうとミント………………74
　オンナスローポートゥチャイナ………95,9
　アールグレイ・クラシック…………113,114
　ラプサンスーチョン……………113,115
◎その他
　タルトタタン（ルイボスティー）……109,111

【乳製品】
◎牛乳
　ほうじ茶甘酒ラテ…………………33
　抹茶ラテホット……………………36
　抹茶ラテアイス……………………36
　赤しそミルク………………………58
　牛乳ラッシー………………………46
◎生クリーム
　柚子ウィンナコーヒー………………25
　抹茶ラテアイス……………………36
　番茶アイリッシュコーヒー…………86
◎その他
　アフタヌーンティー（ゴーダチーズ）……87
　シュラブ＆ホエイ（ホエイ）………116,120

はじめよう！ノンアルコール

6つのアプローチでつくる
飲食店のためのドリンクレシピ109

初版印刷　2020 年 8 月 31 日
初版発行　2020 年 9 月 15 日

編者ⓒ　柴田書店
発行者　丸山兼一
発行所　株式会社柴田書店
　　　　東京都文京区湯島 3-26-9　イヤサカビル　〒113-8477
　　　　電話　営業部　03-5816-8282（注文・問合せ）
　　　　　　　書籍編集部　03-5816-8260
　　　　URL　http://shibatashoten.co.jp/

印刷・製本　公和印刷株式会社

ISBN 978-4-388-06325-3 C2077
Printed in Japan
ⓒ Shibatashoten 2020